本书编写组

主　编：欧阳玲

副主编：陈　锋

参　编：林思媛　王蕴琦　林婧雯

生长与超越：

价值驱动型学术高中建设的

"双十"模型

欧阳玲　主编

厦门大学出版社　国家一级出版社
XIAMEN UNIVERSITY PRESS　全国百佳图书出版单位

图书在版编目（CIP）数据

生长与超越：价值驱动型学术高中建设的"双十"
模型 / 欧阳玲主编. -- 厦门：厦门大学出版社，
2024.4

ISBN 978-7-5615-9346-2

Ⅰ. ①生… Ⅱ. ①欧… Ⅲ. ①高中-课程建设-教学
研究 Ⅳ. ①G632.3

中国国家版本馆CIP数据核字(2024)第063427号

责任编辑	李峰伟
美术编辑	李嘉彬
技术编辑	许克华

出版发行 厦门大学出版社

社　　址　厦门市软件园二期望海路 39 号

邮政编码　361008

总　　机　0592-2181111　　0592-2181406(传真)

营销中心　0592-2184458　　0592-2181365

网　　址　http://www.xmupress.com

邮　　箱　xmup@xmupress.com

印　　刷　厦门市金凯龙包装科技有限公司

开本　720 mm×1 020 mm　1/16

印张　13.75

插页　2

字数　208 千字

版次　2024 年 4 月第 1 版

印次　2024 年 4 月第 1 次印刷

定价　58.00 元

厦门大学出版社
微信二维码

厦门大学出版社
微博二维码

序

　　在教育的星空中,双十中学犹如一颗璀璨的明星。建校百年来,学校坚持育人为本,注重培养学生的品德和能力。学校通过丰富多样的课程和实践活动,激发学生的学术热情和创新精神,同时注重培养学生的社会责任感和公民意识,教育成果丰硕,学术型学生培养走在全国前列。多年来,我一直带着崇敬的心,看着双十的成长和适应时代的转变。当我们站在 21 世纪的十字路口,回望过去并展望未来时,不禁要思考:在这样一个因人工智能发展而充满变革与可能性的时代里,我们究竟需要怎样的优质高中?双十中学用三年多的探索与实践,给出了一个响亮的答案——建设价值驱动型学术高中。

　　当双十中学决定踏上价值驱动型学术高中的建设之路时,它不仅仅是在为自身的教育革新描绘蓝图,更是在为整个高中教育领域改革探索新的可能性。在教育的海洋里,每一位出色的校长都是一座灯塔,为学生和教师照亮前行的道路,而欧阳玲校长,无疑是其中非常耀眼的一座。她在继承的基础上,从未来发展的视角,提出将百年名校建设成价值驱动型学术高中的理念,并付诸实施。在这个新航道上,用她的智慧和热情,为这所历史悠久的学校注入了新的活力和灵魂。作为市级教研负责人,我有幸见证了这一历程,并为这本凝聚了三年多心血的书作序,深感荣幸。

　　价值驱动型学术高中是双十创立的一种特色高中,它强调学术教育和价值驱动并重，不仅注重学生的学术表现和学术能力，更注重以价值为导向来引领和驱动学生的发展。新型价值驱动型学术高中的建设是一个系统工程，需要从教育理论、课程设计、师资队伍、校园文化等多个方面进行全面规划和实施，通过课程设置、教学活动、校园组织等，引导学生形成正确的价值观和人生观，培养学生的创新思维、批判性思考和实践能力。双十中学从2020年起，就勇敢地踏上了价值驱动型学术高中的建设之路。如今，双十将近四年来的探索与实践结晶于此书中，为我们呈现了一幅充满活力和希望的教育新图景。

这本书不仅仅是对双十中学实践的简单记录，更是一部关于办学理念更新、教育模式创新、教育实践深化的全方位著作。从价值驱动型学术高中的新定位到新主张，从学术型高中生的时代画像到建设的新路径，每一个章节都透露出双十中学对于教育的深沉思考和对于未来的坚定信念。

价值驱动型学术高中的新定位和新主张，让我们看到学术教育不仅仅是知识的传授，更是价值观、人生观、世界观的塑造。因此，双十致力于培养既有学术底蕴，又有坚定价值观的学术型高中生。这样的学生，不仅能够应对各种学术挑战，更能够在未来的人生道路上，坚守自己的信仰，为社会、为国家、为人类的发展贡献自己的力量。

学术型高中生的时代画像，让我们看到了双十中学在新时期对于学生的期待与培养目标。双十希望每一个学生都能够成为会认知、能思考的人，不仅在学术上有所建树，更在品德、素养、能力等多方面得到全面提升。

价值驱动型学术高中建设的新路径，让我们看到书院制、自组织等创新形式，为学生和教师提供了更加广阔的发展空间和平台。这些新形式不仅激发了学生的学习积极性和教师的教育热情，更为学校的整体发展注入了新的活力。同时，也为同类高中

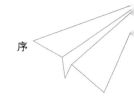

的建设提供了可以借鉴的方案。

会呼吸、能思考的学术课程,让我们看到学校提供给学生的课程不仅注重知识的传授,更注重学生的思维训练和价值观的培养。通过这样的课程,学生不仅能够学到知识,更能够学会如何思考、如何判断、如何创新。书院制的课程设计为学术型拔尖创新人才的培养提供了新的样态,它注重学生的个性发展和团队合作,为学生的全面发展提供有力的保障。

这本书的出版应该是一个开始,而不是结束。我相信,随着双十中学在价值驱动型学术高中建设道路上的不断前行,将会为我们带来更多的惊喜和思考。同时,我也希望这本书能够激发更多的教育者、研究者、家长和学生对于教育未来的关注与探讨,共同推动我国新时代教育事业的繁荣与发展。

作为长期研究基础教育领域学校发展和教育质量的一员,我深感该书对于当前和未来的教育工作具有重要指导意义。它不仅为我们提供了价值驱动型学术高中建设的全面蓝图,还通过丰富的实践案例和深入的理论分析,激发我们对于教育改革的热情和信心。我相信,随着越来越多的教育工作者深入阅读和实践该书中的理念和方法,我们的教育将会迎来一个更加美好的未来。

最后,我要向双十中学的全体师生表示崇高的敬意和衷心的祝贺,愿你们在价值驱动型学术高中的道路上越走越远,为中国的教育事业书写更加辉煌的篇章!

傅兴春①

2024 年 2 月 4 日立春

---

① 作者系国家教育督导评估专家、福建省政府特约督学、厦门市教育科学研究院原副院长。

目　录

第一章
价值驱动型学术高中的新定位

2020年10月,党的十九届五中全会通过的《中共中央关于制定国民经济和社会发展第十四个五年规划和二〇三五年远景目标的建议》中明确提出了"建设高质量教育体系",这是新时代我国教育发展的新主题、新方向、新目标、新任务。"教育是国之大计,党之大计",中华民族伟大复兴有赖于整个教育体系的高质量发展。高质量教育体系必然要求实现普通高中教育的高质量发展,那么普通高中教育高质量发展的内涵是什么? 站在新百年、新征程上,双十中学的历史使命是什么? 这是摆在每一个双十人面前必须回答,也必须答好的时代命题。为此,我们通过对百年办学经验、人文积淀的梳理、总结、提炼,基于学校的现实条件和时代要求,将建设价值驱动型学术高中作为多样化发展的定位,为卓越人才奠基,从整体上探索高中教育的多样化发展之路。

第一节　背景与内涵

党的二十大报告指出:"教育、科技、人才是全面建设社会主义现代化国家的基础性、战略性支撑。必须坚持科技是第一生产力、人才是第一资源、创新是第一动力,深入实施科教兴国战略、人才强国战略、创新驱动发展战略,开辟发展新领域新赛道,不断塑造发展新动能新优势。"

党的二十大报告首次统筹教育、科技、人才3方面工作,将"实施科教兴国战略,强化现代化建设人才支撑"列为专章进行整体论述、作出整体部署,是报告的一大亮点,体现了党和国家对于新时代实施科教兴国战略的高度重视,对教育、科技、人才的高度重视。这一战略安排,以系统思维协同推进教育强国、科技强国、人才强国建设。

在报告中,习近平总书记还指出,要"加快建设高质量教育体系,发展素质教育""坚持高中阶段学校多样化发展"。"加快建设高质量教育体系"是党的二十大报告的新提法,高质量教育体系是教育强国的重要特征。在基础教育阶段,如何办好人民满意的高中,如何加快普通高中多样化发展的建设步伐,如何为国家培养适应时代发展的拔尖创新预备人才,如何为国家建设提供重要人力资源支持,这是每一个高中教育管理者尤其是示范性高中的教育者必须深入思考、积极行动并为之奋斗的主课题。

2020年,我国高中阶段毛入学率达91.2%①。高中毛入学率的提升,意味着普通高中在各地实现了基本普及,对普通高中的要求则从"普通"走向"个性",这是实现基本普及后的必然转向。各省、自治区、直辖市示范性高中早已启动了多样化发展的试点工作,并取得了诸多成效和成果。2023年8月,教育部、国家发改委、财政部印发的《关于实施新时代基础教育扩优提质行动计划的意见》明确指出:"推动普通高中多样化发展。建设一批具有科技、人文、外语、体育、艺术等方面特色的普通高中,积极发展综合高中。"针对目前各地学校总量大、优质资源不均衡、基础薄弱等实际情况,为实现高中学校多样化有特色发展,服务于学生全面而有个性的发展,满足人民群众对优质教育资源的需求,各地教育主管部门根据所在区域实际,都针对普通高中多样化发展提出了自己的构想和探索。普通高中多样化发展进入了从分层发展向分类发展的历史

① 发展规划司.2020年全国教育事业统计主要结果[EB/OL].(2021-03-01)[2023-10-20].http://www.moe.gov.cn/jyb_xwfb/gzdt_gzdt/s5987/202103/t20210301_516062.html.

性转变。学术型高中作为普通高中学校类型分化过程中出现的新生事物,越来越受关注,无论是对于高中育人方式改革还是培养具有国际竞争力的人才都具有战略性和样本性意义。①

众所周知,高中阶段是学生个性形成、自主发展的关键时期,其个性品质趋于稳定、学术思维开始分化、专业兴趣有所侧重,高中教育内在的特殊性决定了学术型高中产生的必然性。2019年《国务院办公厅关于新时代推进普通高中育人方式改革的指导意见》颁布,这是21世纪以来国办出台的第一个关于推进普通高中教育改革的重要纲领性文件,更是强调要促进普通高中多样化有特色发展。于是,在探索普通高中育人方式改革的路径中,学术型高中成为许多国内高中名校的共同选择。例如,江苏省南京市提出综合改革高中、学科创新高中、普职融通高中和国际高中4种模式②;辽宁省提出科技、艺术、外语、数理和人文等特色高中。尽管不同地方对高中学校具体分类不同,但可以看到"学术型高中"的雏形——学科创新高中、数理高中、人文高中等——在普通高中多样化发展的过程中崭露头角。这种学校类型多样化的探索伴随改革深化逐渐转化为普通高中分类发展,即通过每类学校特色化发展推动区域普通高中形成多样化发展格局。

在国家规划的普通高中多样化发展政策指引下,各地知名高中梳理自己多年的办学经验、人文积淀、办学特色,逐步开始了学术型高中的探索。例如,深圳中学、北京第十一中学、东北师范大学附属中学、江苏天一中学、浙江宁波中学、四川成都新都一中等国家级、省级示范性高中都深入进行了学术性高中(学术型高中)的多样化发展探索,在办学目标界定、办学特色表达、课程体系建设、师资队伍建设、学校管理体系、教育评价体系等方面都提出了自己的行动方案或蓝图规划。虽然不同学校对学术型高中有着不同的认知,但从本质上大都认为学术型高中是指在高

---

① 李建民.新时代学术性高中建设的实然困境与应然向度[J].现代教育,2021(10):61-64.

② 改革让高中生自主选择未来——江苏省南京市普通高中多样化办学改革纪实[N].中国教育报,2013-10-11.

中教育阶段，以学术探究为主要的教学方式、以增强学术素养和培养创新型人才为目标的新模式。从这个定义来看，学术型高中建设的内涵主要包含以下5个方面：

第一，体现育人全要素、全过程的学术性。学术型高中是普通高中多样化发展的一个类别，承载的是普通高中学生未来生涯发展的方向，是普通高中育人方式变革的一项重要举措。一所普通高中若要决心建设学术型高中，从伊始就应该明确自己的办学理念、办学目标，应以系统的、整体的、关联的思维提出建设构想，制定发展规划，拟订实施方案，在学校教育教学的全过程、全要素上体现学术性，以学术型为关键词优化育人体系、构建课程体系、重构评价体系。学术高中的育人全过程、全要素的实现，离不开学校的学术化管理。学术管理与行政管理是相比较而言的概念，是适应教师和学生学术行为的一种不同于行政管理的管理形式，学术权力的存在方式、权力性质、权力关系等都和行政管理的权力运作方式不同。作为校长，首先应对学术型高中有清晰的理解和认识，把握好学术型高中作为一个类别的普遍特征，并根据学校办学传统、人文历史、办学特色、办学基础等进行梳理，整理和形成学术型高中的办学思路和办学规划，并以此设定学术型高中的具体实践形式，既要将学术管理和行政管理相结合，取得相辅相成、互动互补的效果，又要避免将升学率、竞赛获奖人数、论文发表数量等作为学校发展的目标。

第二，培育丰富多彩的学术文化。学术型高中还应格外注重以创新、求真、探究等引领学校文化建设，为学生优质成长提供张弛有度、包容友善的生长空间和环境。总的来看，学术本质上是贯穿人类实践活动的动态认知过程，以及通过连续不断地观察分析、思考归纳、相互交流而达成共识的结果，既包括静态的知识结果，又包括动态的学术活动过程。① 这个学术活动过程来自学校育人方式的各个环节，从校园文化的角度来看，应该在校园文化布置、校园文化艺术活动等方面体现学术导

---

① 李建民.新时代学术性高中建设的实然困境与应然向度[J].现代教育，2021(10):61-64.

向和学术思维;从学校的精神气质来看,学术型高中的校园精神应具备独立自主、创新、批判等关键因子。

第三,注重综合学术素养的培养。学术素养是指学术研究过程中表现出来的综合品质,主要由学术意识、学术知识、学术能力、学术伦理道德等组成。学术型高中的学术素养应强调对选拔性应试教育的超越,要将学生的终身学习与终身发展作为学校的办学目标,从实质上否定一些功利性的教育指标。对普通高中而言,学术素养的培养应处在基础培养阶段,这个阶段是为了应对大学发展学术做基础性准备的。因此,学术型高中既承担着完成基础教育阶段必须完成的知识授予和能力培养,还肩负着衔接大学生学术素养的基础性工作。这些良好的学术准备一般由相互关联的 3 个部分组成,包括知识、方法和过程、对社会的作用,具体来说就是具有足够的可以阅读和理解科学、社会、人文、艺术术语的能力,理解运用这些不同的学科探究周围世界的不同路径和方法,理解这些不同的探索对人类生活和工作产生的影响。在此基础之上,通过"提供一种学术性的学习方式和学习环境,重点培养学生自主学习能力、坚强意志品质、高阶创新思维等"[1]。

第四,重构基于学术的课程体系。事实上,任何教育只有在其发生的过程中才能够承载其价值,发生与否,这是关键。而就一所学校而言,课程与教学构成学校教育目的与教育行为相统一的基本内涵。因此,学术型高中育人内涵的落脚点就在于其课程体系建设,只有在课程与教学现场,发生着的才是真正的教育。而以往的普通高中课程体系,大多数不能称之为体系,只是以国家课程为主、校本课程为辅的课程群,这些课程群因缺乏统一的指向性、缺乏上位概念的统领而各自为政,虽然看起来百花齐放,事实上却是各说各话。随着学术型高中的建立,首要解决的就是学术课程体系建设,只有将学术型落实到课程中,落实到课程体系中,学术型高中之"学术"才真正发生,真正在场。

---

① 果淑兰.学术性高中的内涵与实践研究[M].北京:北京师范大学出版社,2017:7-9.

第五，关注学术型教师队伍的培养。习近平总书记曾在多次讲话中高度评价教师的地位和作用："教师是立教之本、兴教之源""教师是打造中华民族'梦之队'的筑梦人""教师重要，就在于教师的工作是塑造灵魂、塑造生命、塑造人的工作。一个人遇到好老师是人生的幸运，一个学校拥有好老师是学校的光荣，一个民族源源不断涌现出一批又一批好老师则是民族的希望"。教师是决定学术型高中品位的关键因素。没有一个专业的、学术性强的教师队伍，学术型高中就只能是纸上谈兵。从教师专业发展的角度来说，学术型教师也是对教师专业发展水平最高阶段的一种描述，其关键特征是有较高的教育实践水平、强烈的问题意识和变革欲望、较高的研究能力等。因此，学术型教师应具备良好的思想政治素养，强烈的探究欲望，扎实的学科功底，开放、包容、进取的专业态度，能够在教学中发现问题、研究问题、解决问题，在反思和改进中形成鲜明的教学特色，帮助学生形成持久的学术兴趣和基本的学术能力。

综上所述，育人全要素全过程的学术性、学术文化的丰富多彩、综合学术素养的培养、学术课程体系的重构、学术型教师队伍建设是学术型高中的重要内涵。但我们认为，仅仅把学术素养的培育、学术水平的提升、创新思维的培养等作为一所百年名校的学术型高中建设特色是远远不够的，起码是不能很好地概括、继承一所示范性高中百年发展史的人文积淀的。这进一步引起了我们的思索，在学术型高中建设中，除了关注高中的学术发展，对于学术型高中是否还有精神层面的、价值层面的发展？2019年学校百年校庆以后，双十中学在梳理百年校史的基础上，结合新时代对普通高中发展的要求，认为价值驱动型学校的概念，能够很好地概括、凝练学校百年办学传统与办学特色，寻找到双十中学百年长盛不衰的秘诀，"找到了一种归宿感和建构学校文化管理系统、进行学校文化建设的终点"①。

那么何为价值驱动型学校？北京师范大学教育管理学张东娇教授借鉴理查德·巴雷特（Richard Barrett）在《驱动力：建设价值驱动型组

---

① 张东娇.建设价值驱动型学校［M］.北京：教育科学出版社，2020：255.

织全系统方案》中有关价值驱动型组织（企业）概念，提出了价值驱动型学校概念，并用之修订学校文化管理概念。她认为，价值驱动型学校的文化特征应包含以下几点：

一是文化地图清晰。张东娇认为，学校管理者要带领"学校全体成员凝练概括出学校的核心价值体系和办学实践体系，把学校工作全部归一到价值观的凝练、认同、反思和实现这一件事情上"[①]。百年名校成长的秘诀是什么？它是如何在炮火中办教育，在艰难中求生存，在磨难中求发展？在新的时代，它又将何去何从？这是一个学校管理者需要深深思索的问题。通过百年校史的梳理，我们从学校文化的角度切入思考学校发展的方法论和认识论工具，看到一个清晰的百年校史所呈现的是学校文化、校园精神、学生气质的不断碰撞、磨合、生成、发展，形成了具有双十中学特质的教师和学生形象。这个形成过程就是学校的文化地图，是带有历史印记的、不断延伸的学校文化发展脉络。在这个脉络中，每个人都融入并贡献自己的文化因子，在强大的校园文化包孕下，不断为双十精神和文化注入新的内涵和读解。

二是价值观驱动管理。文化是需要认同的，一所学校能够屹立百年不倒，其文化一定是包容的，是融合的，是能引起所有人共情的。在此基础上，一所学校的文化认同感就产生了文化生产力，也就成为驱动学校办学事业不断向前发展的强大驱动力。所谓价值观驱动，首先体现的就是学校不是只通过行政管理事务，而是通过行政和文化双重管理。张东娇认为，学校文化管理首先是价值观的管理。价值观管理的特点是：关注人的发展主题取代了事务主义态度；价值观被分解成育人目标、办学目标和校训、校歌、行为规则等，操作落实在管理者、教师和学生的行为中；价值观管理贯穿于学校的管理、课程、课堂教学、教师发展、学生成长、校园环境等各个领域；价值观指导学校调查、计划、实施、评估的管理流程建设。

三是内群体文化团结。内群体是指一个人经常参与或在其间生活、

---

① 张东娇.建设价值驱动型学校[M].北京：教育科学出版社，2020：262.

工作的群体,也称我们群体,简称"我群",与"外群体"相对,最早由美国社会学家 W.G.萨姆纳(W.G. Sumner)在《民俗论》(1906)里提出。在这个内群体里,成员会感到自己与群体的关系十分密切,并对群体有强烈的归属感。价值驱动型学校的师生由于能从学校、班级、教研组、备课组、年段等所属群体得到自己相应的利益和感受,因而会对所属群体产生亲切、安全、热爱、忠诚等情感,从双十中学百年校史上来看,就是产生了一种爱国、爱乡、爱校的情结。张东娇认为,价值驱动型学校的成员更多靠价值观的认同、冲突、再认同而团结在一起,学校成员这种因价值观的凝聚而联结的方式称为文化团结。他们之间互相信任,愿意为学校利益最大化自觉工作,实现个体与组织价值观完美结合与完美重合①。

当前,新一轮科技革命和产业变革加速演进,人工智能等新技术方兴未艾,未来公民能否适应社会生活并推动社会进步已成为关键挑战。与此同时,在大国竞争中,核心技术被"卡脖子"的现象时有发生。作为教育工作者,我们必须找准突破口和主攻方向,培养具有创新能力和合作精神的创新型人才,这是新时代赋予教育的重要使命。基于学校的历史传统、人文积淀、现实条件和时代要求,双十中学决定将建设价值驱动型学术高中作为多样化发展的定位,为卓越人才奠基,从整体上探索高中教育的特色发展之路。

第二节　国内外发展现状

随着社会经济发展的不断提升,人们对教育重要性的认识也不断深化,人们越来越不满足于基本的教育需求,对基础教育提出了更高的要求。《中国教育现代化 2035》明确提出:"加强创新人才特别是拔尖创新

---

① 张东娇.建设价值驱动型学校[M].北京:教育科学出版社,2020:263.

人才的培养。"普通高中是衔接义务教育和高等教育的重要阶段,是基础教育的高级阶段,是高等教育的准备阶段,其多样化发展是以尊重学生个性差异和学校个体差异为基本前提的战略性命题,其根本目的是促进学生全面而有个性的发展。学术型高中作为其中的一个发展类型,是以培养学术型、创新型人才为育人目标。其概念从研究型或学术型大学迁移而来,发展历程最早可追溯至古希腊柏拉图学园,奠定于洪堡创办的柏林大学。柏林大学认为,大学的首要任务是追求真理,科学研究应该与教学相结合,创造了习明纳(Seminar)教学法——一种研讨式的教学方法,由此开创了现代研究型大学的新范式。[①]

在世界范围内,相对于初等教育和高等教育,中学被制度化建立起来的时间相对较晚,面向民众的普及教育和面向少数人的精英教育分别从学制两端起步,逐步向学制中段转移。[②] 18世纪,欧洲一些国家的小学教育面向贫民,是终结性教育,以培养资本家需要的劳动力;当时的中学不与小学衔接,而是招收有良好家庭教育基础的贵族儿童,与大学衔接,培养社会精英。到了19世纪下半叶和20世纪初期,这些国家才开始建立小学、中学、大学教育贯通衔接的学制体系。此时,普及教育的使命从小学开始逐步上移,精英教育的使命从大学向下延伸,两种使命在高中教育阶段交汇,使得高中教育具有了特别的意义。美国、英国、俄罗斯和日本等发达国家在义务教育和高等教育发展到一定程度之后,便开始发展高中教育。

一、国外发展现状

(一)美国

1893年,美国全国教育协会(National Education Association,

---

① 董君武.创建学术性高中的探索与实践[J].人民教育,2023(2):51-54.
② 王占宝,段会冬,等.国际视角下的学术性高中建设[M].北京:教育科学出版社,2016:11.

NEA)成立了"十人委员会"(The Committee of Ten)，提出加强中学学术型课程的地位，突出中学阶段为大学做准备的升学目标。自此，专注于为升学做准备的普通高中开始出现。20世纪初，美国一些老牌高中开始创建，如著名的史岱文森高中(Stuyvesant High School)就创办于1904年。但在进步主义教育运动的影响下，普通高中的学术性发展倾向受到遏制。

美国大力发展科技高中是在20世纪60年代之后。1957年，苏联发射人造卫星，给美国带来了巨大冲击。1958年，美国颁布《国防教育法》，强调重新加强学术性课程，突出"新三艺"(数学、科学、外语)，强调学科知识结构。随后，美国一批老牌高中的学术性得到强化，新的科技高中也应运而生。布朗克斯科学高中(Bronx High School of Science)、布鲁克林技术高中(Brooklyn Technical High School)等科技高中在此期间都得到较快发展。然而，20世纪60年代末结构主义新课程遭到废止，加上70年代兴起的"生计教育"强化了"双轨制"，导致中学教育的学术性再次被削弱，美国的中学教育(尤其高中教育)的质量和学术水准再次引发担忧。进入20世纪80年代，在里根总统的推动下，美国掀起一场大规模的教育改革运动，要求突出基础知识的重要性，强化学校纪律，提高学术标准。在这一背景下，美国开始加快建设一批体现科技教育特色的普通高中，实施"英才教育"，致力于学术型人才的培养。1985年创办的托马斯·杰弗逊科技高中(Thomas Jefferson High School for Science and Technology)就是典型代表。

20世纪80年代以来，美国科技高中进一步聚焦STEM(即科学、技术、工程、数学)教育。这些高中在招生上不受学区限制，并具有择优选择的特权，被称为"特设高中"(Specialized High School)；又因为这些高中在课程设置、教学方法和学生管理等方面比较独特，对家长和学生具有很强的吸引力，所以又被称为"磁石学校"(Magnet School)。进入21世纪以来，美国各届政府都把发展STEM教育作为教育改革的重心。2008年"金融危机"之后，奥巴马政府相继出台了一些政策激励STEM学校的发展，如2010年出台《培养与激励：为美国的未来实施中小学

STEM 教育》,2015 年颁布《STEM 教育法》。2017 年时任美国总统特朗普签署《总统 STEM 教育备忘录》,确定联邦政府每年至少投入 2 亿美元用于支持 STEM 教育;2018 年,白宫公布《STEM 教育五年计划》,开发和探索多样化的科技类课程。当前,美国的科技高中一般是指 STEM 高中(STEM High School)①。

科技高中在美国拔尖创新人才培养方面发挥了奠基性作用,其营造的重视科技教育的氛围以及形成的先进教育理念则进一步强化了社会预期,由此形成一个相互强化的循环。科技高中是美国现代化学校教育制度和先进教育理念的具体表征,折射出美国重视对基础性科技人才培养的投入,积极开发儿童和青少年的智力,以长远的国家和公共利益为重等鲜明色彩。

（二）英 国

英国学术型高中(British Academic High School)的主体是公学,公学在整个英国教育体系中所占的比例只有大约 1/10,但产生非常大的社会影响。比如自 1440 年创办以来,英国的伊顿公学(Eaton College)一直以严格的校风和学风闻名于世,培养了众多的社会名流和各界精英,每年约有 250 名毕业生,其中 95% 的毕业生都能进入世界一流大学。类似伊顿公学这样的英国学术型高中,每年招生的人数非常少,考生必须通过极为严格的考试选拔,还需要具有学习学术型课程的兴趣、宽广的知识面和精深的学业水平以及雄厚的经济基础。伊顿公学五年中学阶段的学费和住宿费大约是 15 万英镑,远非英国普通家庭所能承受。因此,英国学术型高中在很大程度上是为中上社会阶层服务的,带有贵族和富人专利的色彩。英国的学术型高中在课程设置上独具特色,学术氛围极为浓厚。这集中体现在:一是保留中世纪绅士教育的相关课程,包括体能训练课程、礼仪风度课程、性格陶冶课程等;二是重视开设

---

① 杨明全,岳鑫,李彦博.美国科技高中培养拔尖创新人才的经验[J].人民教育,2023(10):34-37.

自然科学课程，分为高级课程与辅助课程，实行单科结业考试制度。

英国的学术型高中在"学术金本位"思想的指导下，在培养目标、课程设置、资格证书和考试乃至毕业生流向等方面无不渗透着精英教育的精髓，从而成为英国高中教育的一大特色。这类学校的数量在英国的整个高中教育体系中所占的比例虽小（约 10%）①，但其社会影响很大。不论是在高中教育发展的精英阶段还是大众化阶段，公学和文法学校都是英国重点大学的主要生源地，这就意味着英国社会的精英人才主要出自这些学校。前首相卡梅伦本人也毕业于这所精英中学。该校自 1440 年创办以来，一直以"精英摇篮"和"绅士文化"著称于世，很多精英分子和社会名流均毕业于这所学校。据统计，伊顿公学至今已经取得了培养出包括经济学家凯恩斯、诗人雪莱、海军名将威灵顿以及 20 位英国首相在内的精英教育业绩。可见，英国精英教育的成就不仅体现在其培养出来的领袖人才数量众多，还体现在其所培养的人才质量上。英国精英人才身上所凝聚的责任感、沉稳、谦逊、礼貌、绅士风度和灵活应变等特有气质更是精英教育的真正硕果。英国学术型高中在保证高质量的同时，也取得了骄人的教育效率。据相关统计数据，在当今英国的高中教育体系中，公学和文法学校所占的比例很小（约为 10%），每一所学校本身的规模也很小。所以，如果仅从教育的投入与产出的比例来看，英国的学术型高中教育符合高效率的标准。

英国学术型高中教育的高质量和高效率在赢得国内外高度认可和赞许的同时，也遭到了不少质疑和批评。一种观点认为，这种办学模式没有处理好公平与效率的关系，忽视了教育公平。有人甚至批评说，公学和文法学校的教育质量和教育效率都是以牺牲教育公平作为代价换取的。

（三）日本

1989 年，日本对当时的《学习指导要领》进行了一次较大规模的修

---

① 孔凡琴，邓涛.英国学术型高中探析[J].教育理论与实践，2013（26）：20-22.

订,初中和高中扩大了选修课的范围和比重,并提出发展"个性教育",营造"宽松时间"的主张。1996年7月,日本中央教育审议会提出"宽松教育"的教育改革建议,并在中小学推行实施。1998年12月,日本重新颁布的《学习指导要领》也集中体现了"宽松教育"的理念,其主要特征是:削减近1/3的课程内容,实行每周5天授课制并减少了课时总数,增设每周2~3课时的"综合学习时间",即所谓的"两减一增"。然而,随着时间的推移,越来越多的人开始反对这一改革。一些专家学者认为,削减将近1/3的教学内容会"使科技立国成为泡影"[①];家长的质疑声也不断,他们认为,实施"宽松教育"这一主张,大幅度削弱了学生对基础知识的掌握,也造成了学生学习能力的大幅下降。日本国内的多项调查也证实了这些担忧与质疑。

2008年2月,日本公布了修订后的中小学《学习指导要领》,其主要特征是:重视基础教育,强调基础知识、基本技能的掌握;重视扎实的学习能力的培养,保证必要的课时,缩短假期;重视传统文化,加强德育和体育。总的来说,可以概括为"两增一减",即增加课程内容,增加课时总数,减少"综合学习时间"。由此,日本中学教育改革开始全面纠正"宽松教育"的误区,重新回到重视学生学力的道路上来。这种回归在日本的"都立高中推进计划"中得以体现,日本的学术型高中由此获得了较大的发展空间,如强调作为学术基础的知识教育,重视学者型教师的培养以及学术校园环境的建设。

"都立高中推进计划"是日本东京教育委员会于1997年制订的,该计划旨在推进日本高中的教育改革。经过3次修订和多年的实施之后,学术型课程在日本高中的地位得到了巩固和加强,并使得日本一部分学校向学术型高中转型。日本的"都立高中推进计划"非常重视学生的基础知识和基本能力。在课程设置上,该计划侧重"定时制课程、通信制课程的改善""多样的选择课程的开设""全日制课程适当的规模和配置"

---

① 杜菲菲,陈馨.日本都立高中推进计划及其对中国学术型高中的启示[J].世界教育信息,2013(2):60-64.

等,旨在促进学生对基础知识的学习。而计划中规定的"都立高中学力标准的策划制定""基于学力检查的选拔改善"则体现出对学生学力评价的重视,而这些也是建设一所学术型高中所必须具备的。"都立高中推进计划"十分强调培养学生的"扎实学力"①,包括基础知识和基本能力。基础知识和基本能力是开出创新思维之花、结出创新能力之果的肥沃土壤,是学生进行学术研究的最基本要求。

综上所述,我们可以看到美国、英国、日本等发达国家在学术型高中的发展轨迹各有其发展特点,但总体来说呈现以下特征:

一是受时代发展的影响较大。首先是高中学段的出现晚于初等教育和高等教育,随着社会生产力的提升,对高中阶段的要求逐步显现,到了19世纪下半叶和20世纪初期,普及教育的使命从小学开始逐步上移,精英教育的使命从大学向下延伸,两种使命在高中教育阶段交汇,使得高中教育具有了特别的意义。在美苏争霸期间,1957年苏联发射人造卫星,给美国带来了巨大冲击。1958年美国颁布《国防教育法》,强调重新加强学术型课程,突出"新三艺"(数学、科学、外语),强调学科知识结构。美国和苏联的课程改革都表现出惊人的相似:让学生在更短的时间内更好地掌握更多的科学和文化知识。因此,两国都耗时费力地组织了各门学科的一流专家重新编写教材,更新教学内容,以容纳各类"最新""最先进"的知识。日本也受其影响,"都立高中推进计划"十分强调培养学生的"扎实学力",包括基础知识和基本能力。

二是重视知识在学术能力培养中的基础性地位。比如里根总统时期,美国掀起一场大规模的教育改革运动,要求突出基础知识的重要性,强化学校纪律,提高学术标准。英国的学术型高中也非常重视开设自然科学课程。日本的"都立高中推进计划"也十分强调基础知识和基本能力的积累。学生拥有"扎实学力"被视作学术型高中进行学术交流的基础。在这个交流场域中,知识信息的互通有无、思维的碰撞激荡既是学

---

① 杜菲菲,陈馨.日本都立高中推进计划及其对中国学术型高中的启示[J].世界教育信息,2013(2):60-64.

术型高中区别于其他特色高中的基本要素,也对激发研究者的潜力具有意想不到的效果。各国学术型高中都强调学生必须拥有大量的知识储备和深厚的知识底蕴,这在日本学术型高中的发展中是有深刻教训的。

三是关注学术型高中的社会责任。英国学术型高中教育实行严格的选拔性教育,利用学术能力、性向、阶级出身和经济支付能力等标准,将大部分学生(尤其是黑人、外来族、女性以及残疾人)排除在外,这违反了教育的公平公正原则,引起了公众的强烈反对。因此,许多学者建议,不应当总是站在少数人的立场上来谈英国学术型高中教育的质量与效率问题,而应当着眼于英国教育的整体发展,只有这样,才有可能走出目前这种失衡的困境。相比较来看,在日本"都立高中推进计划"中,日本学术型高中的学校规模适当,保证教职人员配置、学校设施设备以及实施教育所必需的资金等教育条件达到国际先进水平①。学校开展丰富多彩的社团活动、竞赛、讲座和学术沙龙,为实现学生个性和创造性的发展营造一种学术性的校园文化氛围,成为学校所在社区信赖的学校。

二、国内发展现状

2010 年 5 月 5 日,《国家中长期教育改革和发展规划纲要(2010—2020 年)》最早明确提出推动普通高中多样化发展,并成为我国普通高中教育政策的核心价值选择。2016 年 9 月,我国发布《中国学生发展核心素养》,将传统的认知能力,特别是考试范围内的认知能力,扩展到六大领域。这意味着从国家层面对教育的高质量发展提出了更高的要求,必将使教育实践领域发生根本性的变化。2019 年,《国务院办公厅关于新时代推进普通高中育人方式改革的指导意见》提出"到 2022 年……普通高中多样化有特色发展的格局基本形成"的改革目标,从构建全面培养体系等七大方面布局新时代普通高中育人方式改革,可以说是对普通

① 杜菲菲,陈馨.日本都立高中推进计划及其对中国学术型高中的启示[J].世界教育信息,2013(2):60-64.

高中多样化政策的具体化。各地在探索实践的过程中,试图通过学校类型多样化在区域层面上构建普通高中多样化发展格局。

从具体实践来看,北京市是较早开始整体性地探索教育高质量发展的,并且有着比较明确的探索计划和探索目标,即将拔尖创新人才培养融入课程改革之中,这为学术型高中的育人目标提供了一个较好的实验样板。2007年,北京市正式启动了普通高中课程改革,第一轮实验就瞄准了拔尖创新人才。2008年,北京提出"翱翔计划",这一计划以研究性学习为课程载体,以集中与分散相结合为主要修习方式,以参与的表现和业绩水平作为评估内容,构建了灵活有效的优秀高中生培养机制①。2010年,由北京市教育委员会、北京市科学技术委员会共同举办的北京市青少年科技创新"雏鹰计划"启动。这两个计划都突出了科学家的工作特征和行为特征,却忽视了科学思维和人文素养的提升。

2019年后,各地在时代发展需要和国家发展需求的背景下,在国家政策的指引下,陆续提出了符合各地实际情况的政策指导性文件。例如,黑龙江省提出综合高中类、高二分流类、艺体特色类、外语特色类、理科特色类、人文特色类、科技教育特色类、创新拔尖人才培养类及其他类9个类别;江苏省南京市提出综合改革高中、学科创新高中、普职融通高中和国际高中4种模式;辽宁省提出科技、艺术、外语、数理和人文等特色高中。尽管不同地方对高中学校具体分类不同,但可以看到"学术型高中"的雏形——学科创新高中、数理高中、人文高中等——在普通高中多样发展的过程中崭露头角。2019年,宁波市出台《关于深化改革推进普通高中高质量发展行动计划(2019—2022年)》,提出"重点建设10所左右学术性普通高中"的目标,并要求"以培养学生学术素养和教师学术能力为切入点,逐步形成与之相适应的课程建设、运行机制、管理模式、队伍建设、环境建设等"。2020年,浙江省教育厅印发《浙江省普通高中学校实施分类办学促进特色发展改革试点工作方案》,试点普通高中分

---

① 果淑兰.学术性高中的内涵与实践研究[M].北京:北京师范大学出版社,2017:11-13.

类办学改革,提出科技高中、人文高中、体艺高中、综合高中四大类,其中,学术高中作为科技高中的一个子类型上升到省级高中教育改革政策文件中。2020 年 10 月,温州市《关于推进普通高中高品质发展的实施意见》提出:"十四五"期间,全市计划打造学术高中 10 所以上。2021 年 1 月,上海市静安区教育局提出以协同分类建设的工作思路,推进普通高中多样化特色化发展。

从理论研究来看,龚胜强认为,"学术性高中的培养目标是学生的学术素养、专业精神和审美情趣,奠定其成为拔尖创新人才的坚实基础"①。李建民提出,学术型高中应该"全面体现学术导向""聚焦基础学术素养的培养""提供丰富的学术实践活动载体""拥有一支学术型教师队伍",成为学术性研究型人才从基础教育过渡到高等教育的"引渡人"②。莫丽娟认为,应该以"问题导向式""沉浸式、体验式""团队合作式"的培养模式,"将学术研究活动和研究性教学贯穿于学校教育过程中",搭建起"一个挖掘和展示学生个性才能的平台"③,引导学生体现自己的志趣,知道自己未来的发展方向。董君武认为,学术型高中,是"通过学术型教师团队的建设,充分研发选择性的课程和活动,以师生互动、合作探究、小组研讨和团队分享等为主要方式,引导学生浸润在具有学术性特征的学校文化中,通过自主研习、实践体验、感悟升华,发现自我、聚焦志趣,培育学术型素养,促进学生高阶思维发展,实现个别化的优势学习与发展"④。牛楠森和邵迎春认为,学术型高中若要得到发展,首先要"确定思路",明确学校的学术发展之路,并对学术做"高中化的、校本化的解读",为本校的学术发展找到立论基础;其次是"摸索新路",坚守

---

① 龚胜强.教育现代化进程中建设学术性高中的思考[J].中学课程辅导(教师教育),2015(18):6-7.

② 李建民.新时代学术性高中建设的实然困境与应然向度[J].现代教育,2021(5):61-64.

③ 莫丽娟.学术性高中公平性的质疑与反思——基于差异公平理论的视角[J].当代教育科学,2015(16):3-8.

④ 董君武.创建学术性高中的探索与实践[J].人民教育,2023(02):51-54.

"分类"逻辑，摈弃传统重点高中的竞争式发展模式，而是依靠观念创新摸索出学术型高中发展新路；然后是"打开思路"，拆掉脑中的"教育围墙""学校围墙"和"教室围墙"。① 袁桂林教授指出，学术性高中是一种正在探索中的育人模式，目标直接指向创新型人才的培养，培养过程关注学生的探究与知识获得的开放性，预示着一种新的高中学校类型。② 陈玉琨教授认为，学术性研究型高中是以学术为导向，以高素质科学研究与技术创新能力人才培养为主要任务的高中，并指出时代发展对科学技术人才的需要，深化普通高中人才培养方式，培育基础教育改革领头羊是学术性研究型高中建设推动力。③

从以上实践探索和理论研究可以看出，近年来，我国学术型高中在实践和理论研究上都取得了一定的发展，但也存在一些问题。一是学术性（学术型）高中的概念界定不明晰，学术型高中作为普通高中类别中的一种被一些学者引介到国内，但对于学术型高中并没有给出明确的界定。这些先行先试的高中学校对于学术型高中的概念界定大多属于实践性概念，即从学术型高中的特征描述归纳出何谓学术型高中。此种界定方式虽然易于理解和接受，但很容易造成内涵不清的问题，使得学术型高中作为一个类别的属性特征不明确。二是由于大多数的学术型高中都在实践探索中，学术型高中内部各要素指向不一致，尤其是在升学压力的现实背景下，一些学术型高中的课程存在"两张皮"的现象，学术型导向并未指向学校教育的全过程、全要素，只是作为一种静态教学成果的呈现，并没有形成一个可持续的学校生态。三是学术型高中缺乏一个更加明确的价值驱动或价值引导，这极易导致学术型高中走向"精英高中"，从而引发公平性的质疑。一些学术型高中标榜其学术性，是为了更好地吸引优质生源，在当地形成优势集聚效应，从而拉开与其他学校

---

① 牛楠森，邵迎春.刍议我国学术性高中发展的限制与突破[J].中小学校长，2021(4)：21-25.

② 王占宝，段会东，等.国际视角下的学术性高中建设[M].北京：教育科学出版社，2016：13,71.

③ 陈玉琨.为何要建学术性研究型高中[N].中国教育报，2020-07-26(3).

的差距,成为打造升学名校的工具。

　　普通高中的多样化发展既是国家政策的要求,也是学校自身发展的需要。但学术型高中,作为其中的子类别,仍然有多种的发展样态。各地的示范性高中在寻找提高质量和持续发展的道路上,都在寻找一条既要符合国家普通高中改革的方向,又能体现学校自身特色的特色发展道路。福建省厦门双十中学提出将价值驱动型学术高中作为学校战略发展的方向,这条发展路径是通过认真梳理双十中学百年的办学传统和人文积淀而凝练提出的,其中的"价值驱动型学校"是由北京师范大学张东娇教授提出的。张东娇认为学校文化管理的目的是建设价值驱动型学校,通过文化塑造共同的价值观,让学校每个成员安全、健康、舒展地成长,团结、舒适、有趣地生活;建设价值驱动型学校的目的是为学校提供思考自身发展的框架和方法论工具,让学校知道怎么去建设价值驱动型学校、会遇到什么矛盾冲突和困难、怎样化冲突为和谐、怎样建设真正属于自己的学校文化,通过建设价值驱动型学校促进学校质量提升,并通过区域整体推动,形成区域优质学校群落。

　　张东娇将学校文化定义为学校全体成员共同创造和经营的文明、和谐、美好的生活方式,是学校核心价值观及其主导下的行为方式和物质形态的总和,包括学校精神文化、制度文化、行为文化和物质文化。通过创建和应用学校文化驱动模型,张东娇及其团队带着这个模型深入数百所中小学,边调查边研究,形成了学校文化管理知识系统,包括管理理论体系、实践体系和文化管理工具箱三个知识模块,并对学校文化驱动模型本身进行元研究。[①]

　　目前,国内运用价值驱动型文化驱动管理的中小学幼儿园有数十所,其中在高中阶段提出价值驱动型学校少之又少,且主要围绕价值驱动型文化管理方面进行探索,对价值驱动型学术高中的全面且深入的探索很少。

---

① 张东娇.建设价值驱动型学校[M].北京:教育科学出版社,2020:265.

第三节　价值驱动型学术高中的新定位

2019 年百年校庆之后，双十中学面临一个重大的历史课题：新百年，双十中学何去何从？当前，全球新一轮科技革命和产业变革加紧孕育兴起，以互联网、大数据、人工智能为代表的新一代信息技术蓬勃发展。培养能够适应未来社会生活并推动社会进步的新型公民，已成为我国教育面临的重要任务。与此同时，核心技术领域的国际竞争亦日趋激烈，"卡脖子"现象时有发生。作为一所百年名校，双十中学的历史使命是什么？面对新的世界局势、新的时代发展要求、人民群众对教育的新的期望，双十中学培养的学生应该是什么样的？这一系列的问题，看起来似乎纷繁复杂，但归根结底，就是需要解决 3 个问题：何为双十？双十为何？何以双十？"何为双十"是解决双十百年校史的办学经验、人文积淀是什么的问题。"双十为何"是解决"培养什么人"的问题。"何以双十"是解决新百年双十"怎样培养人"的问题。

一、何为双十

关于"何为双十"的问题，我们借助百年校庆的有利契机，对百年校史进行了重新梳理，重新编订校史，修整百年校史馆，从中总结、凝练双十中学的办学经验、办学特色。

亿万斯年，深谷为陵，回望百年前的大变革时代，辛亥革命极大地唤醒了中国教育近代化积蓄已久的力量。孙中山先生呼吁"惟愿诸君将振兴中国之责任，置之于自身之肩上"，彻底抛弃夷夏之别的旧文化观，超越"中体西用"的改良教育观——1919，代表着新理念、新思维的一所"乙种商业学校"奠基于厦门；"双十"为纪念辛亥革命，鲜明地亮出了时代的

"徽记"。彼时,马侨儒先生亲任校长。1922年,林珠光先生与各界人士慷慨捐资在外清箭场仔(今镇海校区)建设永久校舍;1923年迁至新址;1924年增购山地五百余方,扩建校舍,改名为"双十商业中学"。

1927年,学校实行新学制,改名"双十中学",招收女生,开厦门各中学男女同校之先河。也正是这次改名之后,学校新生录取标准逐渐提高,对课室纪律、考试制度以及对寄宿生、通学生的生活管理方面均从严要求。据时任校长黄其华回忆,当时学校就因此博得了"教学认真"的美誉,受到社会各阶层的重视。1929年,其正式定名为"厦门私立双十中学"。1935年附设小学,1936年附设高级职业学校(分商科及新闻科),成为闽南学生数最多的中学。在黄其华校长倡导下,学校以著名教育家陶行知的教育理论为指导,试行生活指导制,大力聘请优秀教师,尤其是在1936年就聘请了厦门大学教育学院、文学院、法学院院长、教授等大学专家为校董,致力培养拔尖优秀人才。同时,还通过厦门大学的学术资源,举办学术讲演会,每周开展一次学术讲座。1934年参加全省初中毕业会考,取得全省第一的成绩,办学质量居全省前茅。

1937年9月3日,日本战舰入侵厦门港口,炮击胡里山、屿仔尾两炮台,局势日趋紧张。在历史的转折关头,学校决定内迁平和县琯溪镇设琯溪分校,专办初中。如今,再回平和县琯溪镇已难觅往日旧迹,但从发黄的老照片中依稀还能辨得那战火中屹立的校门,校牌上大写"厦门私立双十中学"八个大字,昭示着双十中学师生不屈的意志和抗战到底的决心。留厦的部分师生则于1938年2月在鼓浪屿另设分校,至5月因厦门彻底沦陷而被迫停办。内迁平和期间,学校六易校长,但不曾停办,反而得到大力发展。外地生源纷纷慕名入学,毕业生升学率冠于全地区。在平和的9年,双十共培养了3000多名学子,这其中不乏一些周边县市慕名而来的学子,学校也一度成为闽南抗战后方的"一大学府"。同时学校也积极抗日,就连日本的《朝日新闻》,也都曾以"双十中学是厦门抗日策源地"为题进行报道。

1939年,国民党当局还一度把学校进步师生认定为土匪,甚至下了密令,要就地杀害吕建元等3位师生,妄想以此浇灭学校的抗日救亡火焰。但在那个战火纷飞的年代,双十人始终坚定不移,始终与祖国共命运,与时代齐发展。抗战胜利后,学校于1946年8月迁回厦门原址。厦门沦陷期间,镇海校区的校舍被日军占据,学校校舍和图书、仪器、教具均遭严重破坏。海外侨胞和沪厦等地双十校友积极捐资重建教室、办公室、膳厅、图书馆等。1947年,学校建成"学习楼"、"健康楼"和"北望楼"。学校还延聘了国内教育界、知识界的知名人士到校任教,学校发展欣欣向荣,办学质量闻名遐迩。1949年10月17日,厦门解放。1952年,李永裕带领工作队进驻学校,次年接任校长兼党支部书记。通过开展各项思想教育活动,彻底改造旧教育,以老解放区新教育经验为基础,吸收旧教育某些有用的经验,借助苏联教育的先进经验,建设社会主义新教育,学校呈现出崭新的气象。1956年,学校正式改为公立,由厦门市人民委员会接办。1959年7月,定名为"福建省厦门双十中学"。成长起来的双十中学终于得到了政府的全力支持,得到了社会的广泛赞誉,由一所私立学校转为公立学校。这是双十中学第二个具有转折意义的历史节点。

1965年,双十中学改名为厦门第八中学,简称"八中"。1977年恢复高考。1977年5月,厦门八中被批准为省首批重点校,标志着学校步入发展的快速道。1979年,厦门八中党支部决定恢复以爱国主义为内容的思想政治教育传统和双十中学爱国爱乡的办学传统,提出"爱国、爱乡、爱校"的"三爱教育",开辟德育工作新渠道,形成了多层次、多系列的以"三爱"教育为中心的具有传统特色和时代特征的德育工作体系。

1983年,学校正式恢复校名"福建省厦门双十中学"。20世纪80年代以来,学校进一步加强以年段长、班主任为核心的班级教育集体和以备课组长为核心的学科教学集体两个集体的建设;加快教育研究和改革的步伐,特别是应用现代教育技术,开展教改实验和课题教研;承担"优化现代教育环境,全面推进素质教育"的国家级课题实验,现代教育技术设备与应用走在全省前面。从20世纪80年代初学校步入正轨后,直至1999年,学校有教职工200余人,一大批教学骨干分布在各个教研组,有多人成为国家级省级劳模、特级教师、省市优秀教师。青年教师很快成长起来,教师队伍"老、中、青"结合,"传、帮、带"蔚然成风,正是这样一支敬业奉献、责任心强、富有拼搏竞争意识的教师队伍,把双十中学带向一个又一个辉煌。

进入 21 世纪后,学校继续高扬"爱国""为民"的大旗,并把"爱国""为民"具体化为"热爱祖国从热爱家乡热爱学校做起;热爱人民从尊敬师长团结同学做起"的行动和精神,这种行动和精神是立德树人根本任务的双十表达,也和社会主义核心价值观"爱国、敬业、诚信、友善"等重要内容高度契合。为此,学校开展了社会主义核心价值观系列实践活动,配套出版了《社会主义核心价值体系中学生读本》,被福建省作为社会主义核心价值观进教材、进课堂、进头脑的范本,受到中宣部的肯定。

多年来,学校形成了"人文基础,理科见长"的传统,并因此成为蜚声省内外的名校。站在新的起点,双十既要继承好传统,还要有所创新,有新的作为。从 2006 年起,学校开设了"双十中学文化讲坛";2007 年起,开设了"书香校园系列讲座",广泛邀请专家、学者、社会名流来给学生讲课。其丰富程度,用一些毕业生的话来讲"就像是一所综合性大学"。这些深入浅出的高水平讲座,极大地开拓了学生的视野,受到学生的热烈欢迎。

二、实施路径

当今世界,科技发展瞬息万变,巨量信息汹涌而来,学校教育要如何应对?用创新激发活力,用奋斗促进发展,用求真、求善、求新、求美、求勤达成育人目标,切实落实五育并举,多样化差异化发展,这是双十面对新时代育人模式变革的实施路径。

一是德育上求真。大胆把家庭教育、社会教育纳入学校教育。针对家庭教育存在的问题实施家校合作,开展"以书论心"的智慧家教,引导家长读书,建立家长读书群;开辟家庭工作坊,让家长一起交流育儿体验和感受,同时请专家开设讲座,为家长解决问题出谋划策。

二是智育上求善。大胆创新育人模式,促进学生多样化发展。实施

"三大计划"，探索人才培养新模式：①"百年英才计划"。以书院制创造良好的课外生活环境，以导师制聚拢名师团队，通过一对一个性化教学、学生组队的思想交流与碰撞，给予学子们更高的平台、更广阔的视野、更科学有效的指导。②"对比实验计划"。将当年中考"指标到校生"组成对比实验班，以实验的方式为教育教学的创新、学生潜能的拓展提供新思路。③"英语课余计划"。学校与教育部国家留学基金委联手，每周额外增加 3 小时英语类课程。同时提供口头表达的机会，包括外教课程、书院授课等，让学生能够自信地表达自己的见解，并通过模拟联合国活动拓展国际视野，增进国际理解，提高分析事理、掌控全局的能力，给学生一个提升综合素养的舞台。

三是体育上求新。大胆把生命教育纳入体育。①生命救护力。学会人工心肺复苏、会用灭火器、会游泳，确保关键时刻能"自救""救人"，服务社会。②身体耐受力。双十中学强调身心健康第一。每个学生都要养成体育锻炼习惯，不断强健体魄，学会排解不良情绪和心理压力，打好健全的身心底子，以应对方方面面的挑战。③品格意志力。学生通过体育活动有目的地磨炼意志品质，提高抗挫折、抗竞争的意志力，做到关键时刻能够"咬紧牙关不掉队"。

四是美育上求美。双十中学致力传承和弘扬中华优秀传统文化，审美的力量"渗透在双十学生的每一个毛孔"。除了传统的合唱队、铜管乐团，学校还有健美操、舞蹈、舞龙舞狮、航模、柔力球、网球、足球、戏剧、影视表演等艺体团队，这些团队均是曾在全国、省、市夺标的佼佼者，经常在各级各类竞赛中获奖。

五是劳育上求勤。学校致力于让学生走出书本教育，走向实践教育，"劳"有所为、"动"有所乐，让劳动教育成为双十中学的一张靓丽的名片。除了精心编写贴合生活实际、具有时代感和创新意识的《福建省厦门双十中学劳动教育校本教材》，学校还结合劳动教育课程和社团活动课程，打造"爱劳动·爱生活"及"探生涯·勇创新"两大劳动实践品牌。

五育并举、全面发展，但能要求每个人都在所有层面、同样层次有高水平发展吗？很显然，只有承认差异化、发展多样化，才是师生共建和谐幸福家园的"新样态"。换句话说,就是把差异当成资源,把多样当成舞台,在双十人人都能出彩。整个学校呈现一种"绿色教育生态",满足人的个性和共性发展需要,尊重人的协作共通精神,形成和谐的师生共生机制,达成共性要求与个性发展的统一。

三、发展之因

过去的一百多年,从马侨儒、林珠光等先辈前贤,抱着教育救国的理想,创办"双十乙种商业学校"到"福建省厦门双十中学"豪迈的世纪跨越,携手两岸,走出国门,全面拓展,多样发展。一百多年的校史,与巍巍中华历史相比,自然算不上久远,但在每个双十人的心目中,有着"勇为最先"的丰厚积淀,共性而独树"追求极善"的个性精神,溶于血液中、刻在骨子里的"勤毅信诚"!梳理百年校史,我们得出了以下几点结论:

一是双十中学始终高举"爱国""为民"旗帜。学校创办之初,就是为了纪念辛亥革命,以为国、为民培育优秀人才作为自己的使命;再到内迁平和,坚持办学的同时,又成为我国东南一隅的抗日策源地;新中国成立后,夺取高考红旗,在北京受到周恩来总理的接见,得到国家的表彰,为我国各行各业培养领军人才。双十中学始终不忘初心,在每个历史时期,都是独立时代潮头,引领时代风气之先,葆有"爱国、爱乡、爱校"情怀,奋勇前行的先锋力量。

二是双十中学始终执着于提升教育教学质量,把培养优秀人才作为自己的天职。办学伊始,为了让更优秀的人才脱颖而出,学校不断向华侨集资办学,扩建校舍,聘请各地的优秀教师。1927 年,学校就因此博得了"教学认真"的美誉。1936 年附设高级职业学校(分商科及新闻科),成为闽南学生数最多的中学。1936 年就聘请了厦门大学的专家、教授为校董,为学校培养拔尖优秀人才。同时,还以此为契机,利用厦大的学术资源邀请专家、学者每周举办一次学术讲座。这让我们似乎看到了百年前的学术型高中的背景。新中国成立后,更是短短几年,就追上福建省教育先进水平,教育质量进入全省前三名,学校被评为省重点中学、福建省和全国先进红旗单位,代表福建省出席"全国文教群英会",获"全国文教先进单位"称号,学校代表受到周恩来总理亲切接见。这是对双十中学坚持正确办学方向的高度肯定。

三是双十中学始终坚持五育并举,培养学生全面而个性化成长。建校伊始,学校就设立体育、音乐、美术等学科,注重学生的全面发展。中国音乐家协会前主席李焕之是双十的校友,他曾回忆:"我的音乐爱好是母校培育的。当时学校的课外活动开展得很活跃,我参加了学校的合唱团、铜管乐队,这使我对音乐产生了浓厚的兴趣。我还参加了其他文艺活动,这些活动为我以后的工作打下了很好的基础。"1936年,以著名教育家陶行知的教育理论为指导,试行生活指导制,还带领学生下乡劳动实践。1947年,学校扩建校舍,除了教学楼,还建设了体育馆,命名为"健康楼"。新中国成立至今,学校始终坚持上好每一堂体育课、音乐课、美术课,坚持带领学生参加社会实践和劳动实践,从来没有因为学业负担重而落下体音美课程。

四是双十中学始终坚持"勤毅信诚"校训和"追求极善,勇为最先"的校园精神。办学伊始,由黄其华老校长等老一辈双十人共同提出的校训,至今还高高挂在双十中学镇海校区的教学楼上。枋湖校区门前大石的后面也正是这4个大字。这是融入双十人血液的人生格言,也是双十中学始终不渝的办学信念。双十中学的师生员工,始终围绕着校训和校园精神做人做事。这是双十人共同认可的价值观,也是双十历史血脉的最佳凝练。在这个共有价值观的驱动下,双十中学从辉煌走向了辉煌。

四、面临的挑战

2021年,中国社会进入新时代,教育发展进入了新阶段。2021年3月颁布的《中华人民共和国国民经济和社会发展第十四个五年规划和2035年远景目标纲要》,提出了"十四五"时期建设高质量教育体系的艰巨任务。同时,厦门市"十四五"时期也在深度实施"名校跨岛"战略,优化优质学校布局。新时代新机遇为双十中学的发展也带来了新的挑战。

　　一是一校四区跨岛发展的挑战。为了保证高质量的一校四区跨岛发展,双十中学面临的挑战有:①管理成本的挑战,4个校区相距较远,时间成本和管理成本都相对较大;②干部培养的挑战,未来3年内,要新增6个年段,新增中层干部12名以上,新增年段长6名以上,新增学科校区教研组长20名以上,新增备课组长60名以上,干部培养挑战很大;③学校文化传承与发展的挑战,4个校区如何既体现双十文化的共性又形成自己的教育教学特色,学校文化建设和部署如何跟得上办学规模扩大的步伐,而又能够引导多校区的发展;④多校区协调管理的挑战,在垂直管理的框架下,4个校区的共建、共享、沟通机制等如何升级建设等。

　　二是高考综合改革的挑战。高考改革带来的挑战分两个阶段:第一阶段是2021届、2022届(两个新高考的届别),要克服学科转换赋分、新型的志愿填报方式、试题结构变化、高考天数增加等给教学带来的影响,做好强基计划培育指导等工作。第二个阶段是2023届(新课标、新教材起始届),面临新教材、新课标、6科选择性考试的新命题团队的考验,面临学生选课走班的组合数有可能更灵活、更零散的考验,要研究强基计划如何继续突破,要改进学科竞赛如何更好地助力学生的学业和升学,要进一步做好学生职业生涯规划、综合素质评价等工作。

　　三是学科压力和奥赛变革的挑战。学校发展压力来自内外环境的变化。从内部环境来看,学科间发展很不平衡,既有学科间的教研管理、教研风气、教师发展等方面不平衡,也有学科间的全市质检成绩的不平衡。从外部环境来看,奥赛成绩和地位受到威胁,压力越来越大。近年来,由于家长支持力度有所下降、学生冲劲不如以前、科任教师支持力度打折扣、竞赛获奖学生低年级化等,与学校5年前相比,学科奥赛成绩相对有所下滑。这就需要我们创新思路,认真应对,以继续保持领先地位。

　　四是教师队伍建设的新挑战。学校建设了一支以专家型教师、学科带头人和教研组长为中坚力量的教育科研骨干队伍。但是,与高质量发展的期待相比,近年来在青年教师基本功比赛、教师教学技能大赛、优课比赛等专业比赛中学校成绩相对不够突出,仍有一定的提升空间;教师素质好,谦虚淳朴,潜心育人,但科研热情需要进一步调动,论文发表、课题申报立项的数量与档次还有待提升；市学科带头人以上的名师数量和名师工作室的数量，与学校的办学规模、社会期望还存在一定差距；今后一段时间内，每年要增加大批新教师，新教师群体的专业发展压力增大。要解决这些问题，需要创新教师专业发展及其培养路径。

五是教育国际化的新挑战。随着中国成为世界性大国和强国，以及厦门市正在打造特色鲜明的现代化湾区和国际滨海旅游名城，教育国际化发展的需求日益迫切。因此，在继承过去国际化发展经验的基础上，学校需要进一步开放，面向世界，面向现代化，面向未来，在学生素养目标、课程建设和校际关系建设等方面强化国际元素，培养既有中国立场又有国际视野和世界文化素养的现代中国知识青年。

五、新定位

在对双十中学历史轨迹的追寻以及对学校未来发展的挑战分析后，学校提出要建设一所价值驱动型学术高中，其中的"价值驱动型"：在管理层面，是以学校核心价值观的建构、反思和实现作为管理活动；在文化层面，是指其文化地图清晰，师生因共同认可的价值观联结在一起，形成一种文化认同，产生自觉、自发、自动的状态。

双十中学新百年、新征程的新定位主要基于以下几点：

一是"价值驱动"是双十中学办学的最主要动力。双十中学，这所因辛亥革命而命名的学校，具有爱国、爱乡、爱校的浓厚氛围，教师有为国育才的使命担当，学生有成为祖国栋梁的崇高使命，学校师生不功利，有文化治校的优良传统。因此，我们的学生选择什么发展方向，未来成为哪个行业的人才，不是靠学校指定或迫于哪方面的压力而做的选择，而是通过学校历史积淀已久的人文传统、核心价值观去唤醒而自发产生的价值驱动。同样，双十的教师成为什么层次的学术型教师也是在双十文化熏陶下的自觉选择，而不是学校的强行指派。

二是"学术性"是双十中学在新时代下办学的内生动力。从宏观角度来看，知识经济的到来、国际竞争的加剧都对中国经济增长方式和产业升级提出了更高的要求,进而要求各级教育培养具有创新能力、持续学习能力、积极上进精神的新一代。从中观角度来看,在探索普通高中育人方式改革的路径中,办学术型高中也是许多国内高中名校的共同选择。从微观角度来看,双十中学的高中特色化发展主要依靠的是自身的内涵发展,其本质上是对学生发展需求的积极回应,也是新时代提升双十中学教育教学质量的必然途径。

三是"面向全体、全面发展"是双十中学的历史传承,也是对社会的郑重承诺。双十中学是一所高举"爱国""为民"旗帜的学校,是一所经过战争洗礼的学校,是一所厦门市民有口皆碑的示范性高中。我们办学术型高中,绝不是要办精英教育,不是只针对拔尖学生,我们要培养的是各行各业的创新型领军人才,我们要发展的是学生的全面素养。因此,我们所说的价值驱动型学术高中,不是培养专业人才,更不是将普通高中办成专科学校或职业学校,而是着眼于促进学生全面而有个性的发展,为人的终身发展奠基。

所以,双十中学将价值驱动与学术高中有机结合在一起,努力通过构建指向学术素养的精神文化、环境文化、制度文化和行为文化,来激发师生内在的驱动力和成长力,通过文化价值的认同凝聚人心,共促学校的持续发展。这是我们新时代、新百年的新定位,既是双十历史跫音的深深回响,也是双十面向未来的深切期许,更是双十给予人民的郑重承诺。

第二章
价值驱动型学术高中的新主张

　　我国的基础教育正处在又一个转型发展的重要节点。党的十八大报告中,已明确提出学校教育应当致力于"让每个孩子都能成为有用之才"。党的二十大报告中,首次将教育、科技、人才进行"三位一体"统筹安排、一体部署,从"实施科教兴国战略,强化现代化建设人才支撑"的高度,对"办好人民满意的教育"作出专门部署,愈发凸显了教育的基础性、先导性和全局性地位,彰显了以人民为中心发展教育的价值追求,为推动我国的教育改革发展指明了方向。在这样的时代背景、国家战略需求和政策指引下,双十中学提出建设价值驱动型学术高中的新主张,目的是继续努力推动高位均衡优质发展,全面建设高水平、有特色、现代化、开放性的国内一流、国际知名的示范性窗口学校,着力打造福建省示范性普通高中、实验性学术型高中和福建省义务教育教改示范学校。

第一节　价值驱动型学术高中的"双十"理解

　　新时期,针对学术型高中建设过程中暴露出来的,诸如类别属性不明确、办学价值取向异化、办学特色与实际教学"两张皮"、学校内部各教育要素不一致等问题,双十中学在建设价值驱动型学术高中时也充分考虑学校发展实际,把价值驱动型学术高中建设作为一个系统工程,以一个更加全面、整体的视角来统筹规划,协同推进,形成了价值驱动型学术高中的"双十"理解。

一、厘清新时期双十中学价值驱动之"价值"

我们认为,仅仅把学术素养的培育、学术水平的提升、创新思维的培养等作为一所百年名校的办学特色或者办学理念是远远不够的,起码是不能很好地概括、继承双十中学百年发展史的人文积淀的。为此,新时期我们提出要建设一所价值驱动型学术高中,其中的"价值"应该包含以下 3 个方面。

(一)国家取向的价值,即社会主义核心价值观

党的二十大报告指出:"育人的根本在于立德。"新时代中国教育的核心目标,就是落实立德树人这个最根本的任务,也是教育强国最核心的课题。新时代"立德"所要"立"的是社会主义道德,它以马克思主义为指导,是反映最广大人民群众根本利益的道德。具体落实到学校,就是以习近平新时代中国特色社会主义思想为指导,在课堂中融入社会主义核心价值观,将学校思想政治工作作为系统工程,全校上下形成合力,引导教师坚定对马克思主义的信仰与对社会主义和共产主义的信念,增强中国特色社会主义道路自信、理论自信、制度自信、文化自信,树立正确的世界观、人生观、价值观;引导学生立德成人、立志成才,把爱国情、强国志、报国行自觉融入坚持和发展中国特色社会主义事业、建设社会主义现代化强国、实现中华民族伟大复兴的奋斗之中。

在学生思想政治工作中,双十中学分学段明确基本思路:初中阶段重在打牢思想基础,引导学生把党、祖国、人民装在心中,强化做德智体美劳全面发展的社会主义建设者和接班人的思想意识;高中阶段重在提升政治素养,引导学生衷心拥护党的领导和我国社会主义制度,形成做德智体美劳全面发展的社会主义建设者和接班人的政治认同。

（二）文化取向的价值，即中华优秀传统美德

中华优秀传统美德是中华民族优良道德品质、崇高民族气节、高尚民族情感、良好民族礼仪的总和，也是我们民族精神的精髓。中华民族传统美德的内容十分丰富，如孝敬父母、尊师敬长、团结友爱、立志勤学、自强不息、谦虚礼貌、诚实守信、严己宽人、人贵有耻、见义勇为、整洁健身、求索攻坚、勤劳节俭、见利思义、敬业尽责、清正廉洁、爱国爱民、天下为公等。中华优秀传统文化作为学校价值观及其体系背后的文化哲学，深刻地影响着学校核心价值体系及其实践活动。建设价值驱动型学术高中，要努力在中华优秀传统文化中寻找双十基因，利用文化的力量传承和发展校园文化，形成师生共同成长的强大内驱力。

张东娇教授在谈及价值驱动背后的文化哲学时指出，群体本位是中国文化的基本特质与核心精神，它以外势中心和相互支持依靠为核心。当个体利益与群体利益发生冲突时，前者服从后者。群体本位对学校文化的影响是基本的、普遍的，从核心价值体系到实践活动和行为导向，无所不在，自发自觉，理所当然。① 这种群体本位的思想对学校文化的影响体现为两个方面：一是国家至上。国家至上即国家利益置于首位，与上文所说的国家取向的价值观一致。二是超标准奉献。标准即规定数额，奉献即恭敬地交付、呈献。奉献行为的最高程度是牺牲生命。张东娇教授认为，超标准奉献就是学校成员自觉地为学校工作超额贡献自己的体力、智慧、时间等。学校的高社会地位带给他们荣耀、自豪和保护，他们以无比的忠诚和超标准奉献回报学校。这一点在双十中学的教师团队中体现得尤为突出。

此外，在价值驱动型学术高中建设过程中，我们认为教师与学校管理层之间、教师与教师之间、教师与学生之间、学生与学生之间的和谐人际关系也是"价值驱动"中非常重要的一部分。人际和谐关注的就是个体之间相处的原则和基础——和为贵。《孟子·公孙丑下》有这样的论

---

① 张东娇.建设价值驱动型学校［M］.北京:教育科学出版社,2020:267.

述:"天时不如地利,地利不如人和。"和为贵是中国传统文化倡导的道德实践原则,出自《论语·学而》:"礼之用,和为贵",指按照礼来处理一切事情,使人和人之间的各种关系都能够恰到好处,调解适当,彼此融洽。这种文化哲学对学校文化的影响和渗透发生在行为导向层面,主要表现为同事之间、师生之间、生生之间的关怀互助;教师之间的集体备课、教研活动的合作乐群;允许教师表达自己的专业意见和个性,允许学生质疑和表达的和而不同;每日反思自己的言行举止的三省吾身等。

(三)学校取向的价值,即校训和校园精神

张东娇认为,价值驱动型学校的成员之所以能紧密团结在一起,在于他们把学校当做了家园,即学校有了家的隐喻——"家隐喻"①。所谓的"家隐喻",是指把组织比喻成家庭的明喻或暗喻的表达方式,如学校是个大家庭。中国文化以家庭为中心,认为个人可以通过自我修养扩展到家庭、国家和社会。双十中学在办学理念上强调要建设一个师生和谐发展的美好家园,也正是基于此。在双十中学,每一个师生员工都牢记"勤毅信诚"的校训和"追求极善,勇为最先"的校园精神,并奉为圭臬。这种精神气质是深深镌刻在双十人心目中的、流淌于双十人精神血脉中的。学校取向的价值凝聚还体现在双十中学有着广泛、积极的校友群体,从创校伊始,学校的校舍、纪念品、教具、师生奖励经费等很多都是由校友集资捐赠、捐建的。这说明了学校取向的价值观已经进入社会,成为双十人共同认可的并终身坚守的精神谱系。

二、厘清拔尖创新人才培养与学术高中建设的关系

拔尖创新人才早期培养的探索与实践为"学术型高中"的提出注入了内容支撑。《国家中长期教育改革和发展规划纲要(2010—2020年)》提出"推进培养模式多样化"后,在普通高中多样化发展和拔尖创新人才

---

① 张东娇.建设价值驱动型学校[M].北京:教育科学出版社,2020:267.

培养的双重改革驱动下,我国学术型高中应运而生。一方面,传统意义上的优质高中基于高位发展的需要,在参考借鉴国外学术型高中概念的基础上提出建设学术型高中的愿景;另一方面,学术型高中的出现是对国家人才战略需求的一种回应,也是区域高中教育改革政策推动的结果。

双十中学在探索拔尖创新人才培养与学术高中建设结合方面,有着自己独到的想法。我们认为,在基础教育阶段谈拔尖创新人才培养,关键是为所有具备创新潜质的学生夯实拔尖创新人才成长的"基础"。而"基础培养"作为拔尖创新人才培养的重要组成部分,始终致力于实现素质教育的核心目标。它的根本宗旨在于为学生适应社会发展、接受高等教育以及规划职业生涯奠定坚实基础。其深厚的内涵源于"早期培养",但在教育理念与实践层面上,它又超越了"早期培养"的范畴。具体来说,"基础培养"不仅重视识别并培养具有拔尖创新潜力的早期人才,同时也面向具有不同个性特征和发展潜力的全体学生。它着眼于拔尖创新人才培养的长期性和发展的持续性,强调基础教育阶段在人才培养过程中的基础性地位和关键作用,为学生的全面发展和未来成功奠定坚实基石。因此,在示范性普通高中做好拔尖创新人才的基础性培养,就是将学校的未来发展整体性地放置在学术发展的高地上,围绕学术化这一中心,对校园文化、课程体系、教学方式、教师队伍建设、教育科研、后勤保障等进行一系列长期而深远的规划,形成一个拔尖创新人才基础培养的共育场域。在这个场域里,拔尖创新人才的基础性培养才能真正落到实处,才能让每个学生都有良好的学术功底,让每个学生都有某一领域的学术专长,让每个学生都有符合自身发展的学术人生。

三、厘清面向全体五育并举与个性多样发展的关系

2019 年 2 月,中共中央、国务院印发的《中国教育现代化 2035》提出了包括"更加注重面向人人"在内的推进教育现代化的八大基本理念。习近平总书记也明确提出"努力让每个孩子都能享有公平而有质量的教

育",教育公平和教育质量是并行不悖的。因此,普通高中学校要为党育人、为国育才,聚焦每个学生发展,立足于千千万万普通人的素质养成、成长发展与责任担当,"努力让每个人都有人生出彩的机会"。这就要求普通高中从基础教育属性出发,着眼于所有学生的全面发展,而不是少数特长学生和拔尖学生,要打破精英主义教育取向的高中教育模式。但客观而言,每个学生都是一个个"具体的个人",学生的个性需求存在极大的差异性,学校的特色往往聚焦在某个领域,对于那些学校特色不感兴趣或缺乏潜能的学生,学校该如何满足他们的需求? 如何让他们也能从学校特色创建中获益,而不是让他们成为特色创建的"旁观者"?

　　我们认为,公平是教育永恒追求的价值,高质量是建立在公平基础之上的,没有公平的质量是难以想象的。双十中学构建的价值驱动型学术高中,其核心理念在于面向基础教育阶段的全体学生,尊重并激发每个学生的个体差异和独特潜能。我们专注于发现并培养学生的兴趣爱好、个性特质和基本能力,通过构建一个有益于拔尖创新人才成长的共同培育环境,引导学生发挥自身的发展动力,培养他们的创新思维和实践能力。在此基础上,我们将着重塑造学生的创新人格和领袖气质,以期实现学生的全面发展和个性化成长。譬如,双十中学在对学术课程体系的优化和总结中,提出构建以国家课程为核心,兼容衔接课程、生涯课程、国际课程和特色课程的"大中小"一体贯通的课程群,课程群所有课程都面向全体学生,但又各有侧重。课程的特色在"大中小"一体贯通,课程的关键在学科融合、五育并举,课程的落脚点却是在全体学生。只有面向全体,五育并举,才能真正谈学生的个性化成长与多样化全面发展。

第二节　拔尖创新人才基础培养的"双十"探索

　　随着知识经济时代的到来,国际竞争日益激烈,大国博弈的核心要素是人才的竞争，归根结底是拔尖创新人才培养能力的竞争。作为促进学生道德品质、理想信念和创新素养培育和发展的关键时期，基础教育阶段在拔尖创新人才培养方面发挥奠基作用。我国有关拔尖创新人才早期培养的研究与实践可追溯到清末的"幼童留学教育计划"。改革开放后，从"中科大少年班"到 2009 年教育部、中组部、财政部共同实施的"基础学科拔尖学生培养试验计划"，以及 2010 年《国家中长期教育改革和发展规划纲要（2010—2020 年）》提出"支持有条件的高中与大学、科研院所合作开展创新人才培养研究和试验，建立创新人才培养基地"①，再到 2022 年《关于加强基础学科人才培养的意见》指向全面提升基础学科拔尖创新人才自主培养能力，一代代教育人为实现中华民族伟大复兴的中国梦，不断探索着拔尖创新人才早期培养的可行机制。

十年树木，百年树人。拔尖创新人才培养并非一朝一夕，而是一项从小学到中学，再延伸到高等教育阶段的系统工程，是一个由普惠式育人到培育拔尖创新人才的过程，虽然不是每个人都能走到教育"金字塔"的顶端，成长为真正意义上的"拔尖创新人才"，但基础教育阶段应关注每个学生创新潜质的挖掘和创新素养的发展，着力培养出一大批个性鲜明而全面发展的创新型预备人才，从而更大限度地扩大人才群体的基数，为培育拔尖创新人才构建厚实的人才基础。如前文所述，我们认为，对于示范性普通高中而言，要确保在拔尖创新人才的基础性培养方面取得显著成效，必须立足学术前沿，对学校未来的整体发展进行合理布局。在这一过程中，我们应聚焦于学术化这一核心，系统性地规划校园文化塑造、课程体系构建、教学方法革新、教师队伍培育、教育科研推进以及后勤保障完善等多个方面。通过这些长期且深远的战略规划，我们将构建一个有利于拔尖创新人才基础培养的综合教育场域。在这个场域中，通过构建学生全面发展的"四位一体"拔尖创新人才基础培养路径，挖掘

---

① 国家中长期教育改革和发展规划纲要工作小组办公室.国家中长期教育改革和发展规划纲要（2010—2020 年）[EB/OL].（2010-07-29）[2023-10-15]. http://www.moe.gov.cn/srcsite/A01/s7048/201007/t20100729_171904.html? gs_ws＝tqq_6358796677144434007.

和激发学生的拔尖创新人才潜质,为学生的终身发展奠基。

一、拔尖创新人才基础培养的核心内涵和价值取向

何谓"拔尖创新人才基础培养"?"基础培养"和"早期培养"有何区别与联系?开展拔尖创新人才基础培养意义何在?明确拔尖创新人才基础培养的核心内涵和价值取向有助于认清其本质,探寻其内在规律。

(一)拔尖创新人才基础培养的核心内涵

从国家人才战略上看,拔尖创新人才是指各专业领域杰出、领军型的创新人才,是能对国家发展和社会进步作出重大贡献的人。放眼人才成长的发展规律,拔尖创新人才培养的"龙头"在高等教育,"基点"却在基础教育。相关研究表明,每个人都具有"创新"的天性,只是"创新"是具有层次性的,可以从低层次的"在变革性学习中形成对经验、行动和事件新颖而有意义的解释(Mini-C)"或者"在日常生活中表现出来的创造力和问题解决能力(Little-C)",向高层次的"专业创造力(Professional-C)"或者"创造性成就(Big-C)"发展。[①] 因此,在基础教育阶段谈拔尖创新人才培养,关键是为具有所有创新潜质的学生夯实拔尖创新人才成长的"基础"。这里的"拔尖创新人才基础培养"是指面向基础教育阶段的全体学生,聚焦学生的兴趣爱好、个性潜质和基本素养,通过开垦拔尖创新人才成长的"土壤",激发学生的发展内驱力,塑造学生的创新人格和领袖气质,着力培养学生的创新思维和行动力,促进学生将新颖多样的"思维"和"点子"发展为对社会有贡献的"大创新",实现学生全面而又个性化的发展。"基础培养"始终以落实素质教育为主线,旨在为学生适应社会发展、接受高等教育和规划职业生涯奠基,其内涵源于"早期培养",又高于"早期培养",主要体现在"基础培养"既关注拔尖创新人才的

---

① KAUFMAN J C, BEGHETTO R A. Beyond big and little: the four C model of creativity [J]. Review of General Psychology, 2009, 13(1):1-12.

早期发现和培育,又面向不同个性特征和发展潜质的全体学生,放眼拔尖创新人才培养的长期性和发展的持续性,强调基础教育阶段对人才培养的基础地位和关键作用,厘清了拔尖创新人才基础培养处于各类教育贯通培养的起始奠基阶段,对基础教育阶段创新人才培养工作的目标任务与地位作用作了精准定位。[①]

(二)拔尖创新人才基础培养的价值取向

当前,拔尖创新人才培养已成为国家实施科教兴国、人才强国、创新驱动发展三大国家战略的重要支撑。中学阶段作为衔接小学和大学的纽带,是贯通基础教育和高等教育的桥梁,也是学生形成稳定价值观念、专业志趣、人格品质和创新素养的"黄金期"。因此,在中学阶段推进拔尖创新人才基础培养具有独特的育人价值和深远的现实意义。

1.促进基础教育人才观念的转变

美国著名发展心理学家霍华德·加德纳(Howard Gardner)提出多元智能理论,强调人的智能的个别差异性和多样性,个体独特的智能整合方式,构成其自身的智能结构。其观点冲破了"一元智能"观念的桎梏,对以考试测验为主要方式、甄选排序为主要目的的传统人才评价体系产生了巨大冲击,为教育者重塑学生观、教学观、评价观、人才观提供了有力的依据。[②] 基础教育的育人目标并非指向考出高分的"拔尖人才",而是要着力培养全体学生的科学精神、人文素养、创新能力和批判性思维,培育出具有创造力和问题解决能力的新时代创新型人才。开展拔尖创新人才基础培养,不仅有利于引导学校特色办学方向,提升人才培养的站位和格局,把促进人的全面发展和适应社会需求作为衡量人才培养水平的根本标准,而且有助于树立多样化人才观念和人才系统培养

---

① 方中雄.创新人才基础培养的核心意旨与实现路径[J].中国教育学刊,2022(2):22-27.

② 王畅,于洪丹.多元智能视域下的学生多元评价探究[J].亚太教育,2015(10):225.

理念,营造拔尖创新人才基础培养的孕育成长环境,推进素质教育向纵深发展。

2.服务国家教育改革发展的大局

党的二十大报告提出教育、科技、人才是全面建设社会主义现代化国家的基础性、战略性支撑,首次将三者进行一体化部署,充分体现了教育在中国式现代化发展过程中的重要地位。在科学技术和人力资源逐步成为全球竞争核心的时代背景下,国家从长远发展的战略高度来重视基础教育,从 2014 年发布《国务院关于深化考试招生制度改革的实施意见》到《国务院办公厅关于新时代推进普通高中育人方式改革的指导意见》《中共中央 国务院关于深化教育教学改革全面提高义务教育质量的意见》《基础教育课程教学改革深化行动方案》三大重磅文件的陆续发布,国家新一轮教育改革聚焦育人方式改革,从"育分"转向"育人",着力于培养德智体美劳全面发展的创新人才。实施基础教育阶段的拔尖创新人才基础培养不仅回应了新时代对基础教育高质量发展的现实需求,也有效推进了育人方式的深度变革,服务于国家教育发展战略。

3.夯实拔尖创新人才培养的基础

国际经验数据表明,平均每 100 个人中会出现 1 位杰出人才[①],因此要培养出一批拔尖创新人才,就要先培养出百倍的具有拔尖创新人才潜质的多样化人才,筑牢和夯实拔尖创新人才成长的"苗圃"。基础教育作为国民教育体系的根基,是帮助学生"扣好人生第一粒扣子",落实拔尖创新人才基础培养的关键阶段。放眼学生观念、能力、素养和创造力的发展过程,从小学时期的意识观念、初中时期的关键能力,到高中时期的核心素养,再到大学时期的专业创造力,呈现出拔尖创新人才培养的早期发现、学段衔接与贯通培养的全方位布局。加大中学阶段拔尖创新人才基础培养的力度,有利于挖掘和提升全体学生的创新潜能,更好地满足不同智能类型学生的发展需求,实现学生的个性和全面发展,为强

---

①　钱智,吴也白,宋清,等.上海拔尖创新人才早期培养存在的问题和对策[J].科学发展,2022(2):15-22.

化国家战略科技力量提供人才基础和保障。

二、拔尖创新人才基础培养的现实困境

中学生一般介于 12～18 周岁，这个年龄段正是人生启智、立志、逐梦的关键期，因此中学阶段肩负着推进拔尖创新人才基础培养的重要使命。然而，虽然使命在肩，我们仍要正视现实中存在的挑战与困境。

(一)中学育人目标的定位问题：重拔尖，轻创新

"为谁培养人、培养什么人、怎样培养人"始终是教育的根本问题，其中"培养什么人"即为育人目标。育人目标的定位不仅指引着人才培养的方向，也推动着人才培养质量的提升。但传统教育重视"拔尖"，而忽视"创新"，往往以拔尖式的教育来代替创新人才的培养，因此导致"拔尖人才"易培、"创新人才"难育的现实困境。社会上也存在一种比较普遍的观点，认为能教出考取高分、排名靠前的学生就是培养"拔尖人才"，拥有这个教学"业绩"的老师就是优秀老师，取得这个教学"成果"的学校就是优质学校。在传统教育观念和社会现实评价影响下，学校应试教育的倾向依然明显。在课程、教学、评价的具体实施环节，学校侧重对"分数"的追求，忽视对学生综合能力和创新潜质的培养，缺乏对学科文化、学科实践和跨学科融合教育的有效渗透，这与国家对新时代拔尖创新人才的需求是不相适应的。

(二)中学课堂教学方式的变革问题：重知识，轻实践

课堂是学生获取知识和技能的主阵地，课堂教学方式不仅影响教学效益，也影响学生的学习积极性和动力。学生只有保持对身边事物的好奇心和学习兴趣，具备持久而强劲的内生动力，才能在科学探索和人文研究过程中不断尝试突破和创新，获取有价值的创新成就，最终成长为

拔尖创新人才。[1] 传统课堂重视以讲授式教学传授知识,并辅以解题技巧的训练,使解题思路模式化、套路化。许多学校为了找到提升成绩的捷径,往往追求教学上的"短平快",忽视对应用意识、合作精神、创新思维和问题解决能力的培养。学生缺乏动手实践的机会和平台,难以获得应用知识解决现实问题的真实体验和成就感。这种"重知识轻实践、重结果轻过程、重分数轻素质"的课堂教学倾向,难以激发学生的学习兴趣和创新潜质,阻碍了拔尖创新人才培养进程,不符合拔尖创新人才的成长规律,教学方式亟待变革。

(三)教师专业发展路径的导向问题:重传承,轻改革

教师作为新时代教育改革的主体和实践者,是推进拔尖创新人才培养的核心力量。建设一支高素质、专业化、创新型中小学教师队伍是拔尖创新人才基础培养的重要保证。然而当前绝大多数中小学教师是经由应试教育层层选拔出来的,其教学思想常常受到自身学习经验的制约,形成一种"中学老师怎么教我,我就怎么教学生"的传承式教学思维,缺乏推动拔尖创新人才基础培养的大局意识和改革动力。[2] 此外,师范院校毕业生与综合性大学非师范专业毕业生相比,具备较好的学科专业素养和教育教学技能,而动手操作、应用实践、跨学科融合创新等方面的能力却明显不足。虽然近年来不断有非师范类专业和留学经历的人员加入教师队伍,教育主管部门也越来越重视开展教师培训,但是培训内容侧重于学科理论、应试策略和经验交流等方面,忽视对拔尖创新人才培养理论和教师跨学科教学技能的培训。此外,教师专业发展的评价机制有待优化,尚未形成激励教师主动更新知识结构、研究人才培养策略、变革人才培养方式的有效机制。

---

[1]　杨清.论普通高中拔尖创新人才早期培养[J].中国教育学刊,2023(8):64-70.

[2]　姚育青,苏圣奎.普通高中多样化发展的现实挑战与突破路径——以福建省厦门第六中学为例[J].中国教育学刊,2023(6):96-102.

三、拔尖创新人才基础培养的实践路径

虽然拔尖创新人才基础培养面临一些现实困难,但学校可以通过挖掘自身优势进行育人体系和培养路径的校本化设计,尊重每个学生的个体差异,为每个学生提供适合的教育,使教育公平和育人质量得以统筹兼顾,以突破现实因素的束缚。作为一所国际知名、国内一流的示范性窗口学校,双十中学以学生的终身发展为本,基于学校的历史传统、人文积淀、现实条件和时代要求,构建"生态圈＋课程群＋基地班＋共同体"四位一体的拔尖创新人才基础培养路径,在推进中学育人方式改革方面迈出了坚实的步伐。

(一)构建"生师校"和谐发展"生态圈",提供人才成长环境

营造良性的教育生态是保障学生健康成长和全面发展的动力源泉,也是推动教育从"管理"走向"治理"的必由之路。作为一所价值驱动型的学术中学,双十中学围绕"双"和"十"两个字构建教育"生态圈",即坚持"科学人文双翼齐飞,五育五品十面融通",通过构建指向学术素养的拔尖人才基础培养体系,以文化价值的认同凝聚人心,激发师生内驱力和成长力,激励教师成长为具有学科创新能力和示范引领作用的学术型教师,培养兼具科学精神和人文素养、德智体美劳全面发展的创新型领军预备人才,使学生的快乐成长、教师的幸福执教与学校的高质量发展同步推进,形成"生师校"和谐发展的优质教育生态(图2-1)。

人的全面发展与科学精神和人文精神是分不开的,科学精神和人文精神是贯穿在人类改造自然的科学技术活动与探索世界的人文活动过程中的精神实质,它们激发人的发展动机,支撑人的终身发展。[①] 所谓"科学人文双翼齐飞",是既着眼于培育学生的科学素养,又重视人文素

① 何芳.科学精神与人文精神:人生幸福的精神支撑[J].内蒙古师范大学学报(哲学社会科学汉文版),2007(5):138-144.

图 2-1　双十中学教育"生态圈"

养的熏陶,其本质是培养适应时代的全面发展人才。而"五育五品十面融通"是指以智育引领德、劳、体、美"四育"融合发展,再以"四育"促进智育方式变革,锻造学生的学术道德、意志、审美、实践、素养等品格,形成"五育"与"五品"的融会贯通,即以"智"育"德",规范学生的学术道德;以"智"益"体",培养学生的学术意志;以"智"创"美",提高学生的学术审美;以"智"启"劳",加强学生的学术实践;以"四育"促"智",提升学生的学术素养。这里的"智育",并非传统意义上的应试教育,而是通过多元的课程教学和丰富的实践活动增长学生的见识,培养有智慧、有见识、有智谋、有策略的新时代英才。

(二)建设"大中小"一体贯通"课程群",丰富人才培养载体

课程是实施人才培养的重要载体,丰富多元的课程体系则是拔尖创新人才基础培养的必要条件。传统教育的"三中心理论"强调以教师、课堂和教材为中心开展教学,课程设计以学科为中心,忽视了学生的主观能动性,不利于创新思维和核心素养的发展,难以有效推动拔尖创新人

才的基础培养。① 双十中学坚持以学生、活动和经验为中心,构建走向统整的"逐梦·追善"学术课程体系,在此体系中,为更有针对性地做好拔尖创新人才的基础培养,又创造性地构建以国家课程为核心,兼容衔接课程、生涯课程、国际课程和特色课程的"大中小"一体贯通式课程群(图 2-2)。该课程群与"逐梦·追善"学术课程体系是互联互通的,并不是一个独立于学术课程体系的课程群。因此,该课程群的所有课程虽仍面向全体学生,但又各有侧重。其中国家课程、衔接课程和生涯课程构成深根固本、一体贯通的基础课程,国际课程侧重有出国留学意向和提升英语水平需求的学生,特色课程则侧重具有"拔尖创新"潜质的学生。各类课程把"立德修身,尊重个性,五育融通,全面发展"作为实施原则,并融入日常课堂教学和学习实践活动中,通过开展"问题式""主题式""项目化""跨学科"等课堂教学方式改革,激活学生创新思维,引导团队合作探究,探索指向学术素养培育的课堂教学和实践活动模式,多角度、全方位、立体式丰富拔尖人才基础培养的载体。②

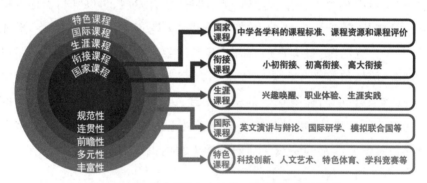

图 2-2 双十中学"大中小"一体贯通式课程群

① 刘希娅.学习方式系统变革的学校实践探索——基于谢家湾学校的研究[J].中国教育学刊,2022(11):97-102.
② 欧阳玲.大中小幼德育一体化中融入党史学习教育的研究[J].福建教育,2021(47):18-20.

1.一体贯通的基础课程

基础课程包括国家课程、衔接课程和生涯课程,既深根固本,又一体贯通,体现学校课程的规范性、连贯性和前瞻性。在严格落实各学科国家课程标准、规范使用课程资源、合理实施课程评价的基础上,学校放眼基础教育阶段学生发展核心素养的形成过程,设置了小初、初高、高大三种衔接课程,弥补了小学、初中、高中和大学各学段之间学科知识"衔接乏力"的缺陷,助力学生全面发展。在此基础上,为了引导学生用更宏观的视角来思考和规划自己的人生未来,更早地了解社会、融入社会,树立远大志向和理想,将自身的人生发展融入实现中华民族伟大复兴的事业之中,学校开设包括兴趣唤醒、职业体验和生涯实践等内容的生涯课程。课程涉及建筑、金融、心理、法学、医学、工业设计、航空航天等 12 个专业大类,并开发了 20 个生涯实践基地,形成独特的生涯教育模式。基础课程为多元创新人才的发现、挖掘和培养提供了一体贯通的基础课程保障。①

2.开放多元的国际课程

国际课程以全外教全英文形式开展主题教学和实践活动,涉及英文演讲与辩论、国际研学、模拟联合国等内容。例如,学校与教育部国家留学基金委联合推行"英语课余学习计划",该计划面向有意出国留学和希望进一步提升英语学习能力、开拓国际视野的学生,为每一位参与者提供相应的能力提升课程及留学项目,帮助他们近距离接触国际教育平台的优质资源,获得相应的关键能力和综合素养。又如,双十中学模拟联合国学生活动旨在全面提升学生的国际视野,综合提升当代高中生的综合能力,培养学生关注国际国内时事,关心人类命运共同体的发展。国际课程旨在为学生提供个性化的成长路径,让学生在心怀祖国的同时,了解人类璀璨文明,触摸世界多元文化,从而拓宽拔尖创新人才基础培养的途径。

---

① 欧阳玲.中学"五育"特色教育体系构建实践[J].教育评论,2021(10):163-168.

3.突出个性的特色课程

拔尖创新人才不仅包括科技创新人才，还涵盖人文、艺术、体育和各学科领域的创新人才。特色课程是根据不同个性特长的学生而设计的，通过开设科技创新、人文艺术、特色体育和学科竞赛等课程，促进学生个性化发展。例如，随着人工智能时代来临，人工智能的发展水平已经成为衡量一个国家科技综合实力的重要指标。学校联合高校建设人工智能实验室，将算法与编程实践融入科技创新课程，引导学生用数学建模方法，结合智能的软、硬件解决现实生活中的实际问题，提升学生的计算思维、实践能力、创新思维和核心素养。特色课程旨在为拔尖创新人才基础培养提供个性化课程，开垦拔尖创新人才成长的沃土，为具有创新潜质的资优学生提供获得创新乐趣的实践平台。

(三)设置"书院制"拔尖人才"基地班"，满足人才个性需求

书院是我国古代文化传播和人才培养的"摇篮"，"四大书院"享誉古今。我国传统书院制重视学习自律、自觉和彼此间的互动研讨，学习和生活融为一体，有利于学生的个性化成长。西方书院制（意为住宿学院制）采用"学生社区"式的管理模式，该模式以混合居住为基础，导师引领为主导，学生交流为核心。现代书院制既继承了中国古代书院"师徒制"的传统，又在管理模式上借鉴西方书院制的精华，构建起师生间、学生间平等尊重、和谐共生的优质教育生态。① 为了满足具有创新潜质资优学生的个性化需求，实施因材施教，双十中学融合"书院制"和"导师制"设立拔尖创新人才基地班，创造性构建"5＋2＋2＋N"人才培养方案，即"构建五大书院，立足人文和科学，依托校内外双导师，开设 N 门高阶课程"（图 2-3）。基地班由清华大学、北京大学、复旦大学、同济大学、南京大学、上海交通大学、哈尔滨工业大学等多所顶尖高校知名教授和本校资深名师联合领衔，为学生提供个性化学业指导和生涯规划引领。基地

---

① 罗来金.现代书院制：引领学生多样化成长——基于深圳外国语学校的实践探索[J].中小学校长,2020(3):33-35.

班在继承我国古代书院文化传统的基础上,借鉴牛津大学等世界顶级研究型书院模式,设置九章、墨子、时珍、天河、求阙五大书院,分别指向数学、物理、生化、信息学、人文社科方向,全方位覆盖各学科领域。各高校导师通过线上线下相结合的方式为学生开设系列高阶课程,如"变分学简介""智能驾驶技术与实践""天体物理""从动物的家庭看人类""大气化学研究"等,并带领学生走进高校实验室,指导学生独立承担课题,开展兴趣和任务驱动下的体验式、探究式学术研究,打通基础教育和高等教育之间的人才培养壁垒,为学生提供大中学共育人才的一体化平台,实现拔尖创新人才培养的无缝衔接。

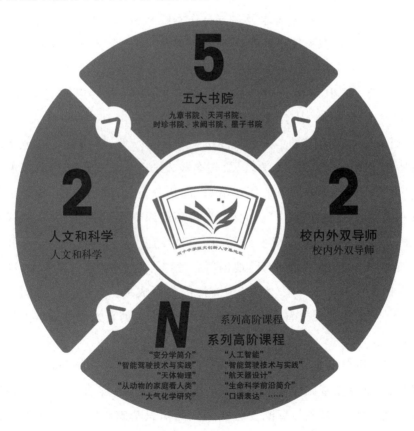

图 2-3　双十中学拔尖创新人才基地班"5＋2＋2＋N"培养方案

（四）打造"校家社"协同育人"共同体"，形成人才共育合力

学校与家庭、社会三方教育的有机结合，形成协同育人的"共同体"，这是教育的理想样态。建立"校家社"协同育人机制，不仅突破了学校教育的固有框架，引入家庭教育和社会的丰富资源，也是从根本上转变了教育理念、培养模式和育人机制。① 拔尖创新人才基础培养的一个重要抓手是为学生提供知识应用和实践创新的交流平台，促进学生动手能力和创新素养的提升。在"校家社"协同育人理念指引下，学校应关注每个学生通向"拔尖创新人才"的成长需求，开发学生发展指导中心、家校协作社团、校企合作实践基地等多方合作实践平台，让学生在发展指导中心中合作学习，在家校协作社团中交流展示，在校企合作实践基地中应用创新，体悟应用知识创新解决问题的快乐和成就感。例如，双十中学遵循创新、协调、绿色、开放、共享的新发展理念，建立以政府主导、学校主体、家庭主动、社会参与和专业支撑的"校家社"协同育人"共同体"（图2-4），定期举办"双十大讲坛"、家长论坛等，聘请在各专业领域有所建树的企业专家、大学教授、知名校友、学生家长开设知识拓展讲座，内容涉及各专业领域的历史沿革、现状分析、发展前景等，为学生打开一扇通往社会的"窗户"。此外，学校还组织学生到企业、大学和科研院所开展多种形式的研学实践活动，了解当前社会各领域高端产品和前沿技术，鼓励学生"异想天开"地创新思考，"脚踏实地"地认真求证，助力学生把无形的奇思妙想"孵化"为有形的创新成果。"校家社"协同育人"共同体"的构建促进育人方式的改革，形成拔尖创新人才基础培养的共育合力。

习近平总书记在中共中央政治局第五次集体学习时强调："建设教育强国，基点在基础教育。基础教育搞得越扎实，教育强国步伐就越稳、后劲就越足。""基础教育既要夯实学生的知识基础，也要激发学生崇尚

---

① 单志艳.家校社合作育人协同机制初探[J].少年儿童研究,2021(2)：66-72.

图 2-4 双十中学"校家社"协同育人"共同体"

科学、探索未知的兴趣,培养其探索性、创新性思维品质。"随着国家教育综合改革的不断深化,培养学科型拔尖人才的"应试教育"将转向培养全面发展型的拔尖创新人才的"素质教育"。展望基础教育阶段人才培养的发展方向,改革和创新人才培养机制是推进拔尖创新人才基础培养、实现教育高质量发展的根本动力。双十中学深谙拔尖创新人才培养之重要性,因此将基础培养与学术高中建设紧密结合,以学术繁荣为基石,全面规划学校的未来发展,整体性地构筑一个专注于拔尖创新人才培养的共育场域。通过这一场域,我们期望培养的每个学生都具有卓越的学术思维,形成独到的学术见解,并构建一条与个人特质及兴趣相契合的学术发展路径。这一综合性的培养模式将为学生的全面发展提供坚实支撑,推动学校迈向更加卓越的学术高度。

第三节 价值驱动型学术高中的新主张

前文提及,站在新百年、新征程的起点,双十中学面对时代的要求、国家的呼唤、人民的需要，如何在愈加不确定的世界里擘画蓝图、寻找方向，从根本上就是要解决 3 个问题：何为双十？双十为何？何以双十？"何为双十"是解决双十百年校史的办学经验、人文积淀是什么的问题。"双十为何"是解决"培养什么人"的问题。"何以双十"是解决新百年双十"怎样培养人"的问题。2021 年在制定新的五年发展规划时，我们梳理了百年双十校史，凝练学校办学特色，解决了这 3 个问题。其中"双十为何"，就是要着力培养德才兼备、品学融通的各行各业拔尖创新预备人才。"何以双十"，就是要着力建设价值驱动型学术高中，坚持"科学人文双翼齐飞，五育五品十面融通"，尊重生命，崇尚人文，热爱科学，追求卓越，把学校建设成为师生成长和人生发展的幸福家园。

一、双十中学学术高中育人模式综述

作为一所价值驱动型的学术中学，双十中学围绕"双"和"十"两个字构建教育"生态圈"，即坚持"科学人文双翼齐飞，五育五品十面融通"，通过构建指向学术素养的拔尖人才基础培养体系，以文化价值的认同凝聚人心，激发师生内驱力和成长力，激励教师成长为具有学科创新能力和示范引领作用的学术型教师，培养兼具科学精神和人文素养、德智体美劳全面发展的创新型领军预备人才，使学生的快乐成长、教师的幸福执教与学校的高质量发展同步推进，形成"生师校"和谐发展的优质教育生态。

这里的"科学人文双翼齐飞"，即着眼于培育学生的科学精神和人文素养，努力培养德才兼备、品学融通的创新型领军预备人才。这里的"五育五品十面融通"，五育，即德、智、体、美、劳，五品，即五种学术品格和能力——学术道德、学术意志、学术审美、学术实践，以及由此形成的综合性的学术素养。

二、双翼齐飞与十面融通的办学特色

下面将着重对双十中学"双翼齐飞与十面融通的办学特色"做具体

说明(图 2-5)。

学术素养:知识渊博者、深度探究者、问题解决者和理性批判者
学术道德:品学兼备者、核心价值观的践行者、民族复兴大任的担当者
学术意志:持之以恒的自律者、志存高远的奋楫者、坚韧不拔的挑战者、阳光健康的开拓者
学术审美:协调发展者、自觉审美者、积极创造者
学术实践:主动规划者、敢于负责者、专注笃行者和善于合作者

图 2-5　"科学人文双翼齐飞　五育五品十面融通"办学特色

"科学人文双翼齐飞",即着眼于培育学生的科学精神和人文素养,努力培养德才兼备、品学融通的创新型领军预备人才。进入新时期,面对越来越不确定的世界,一个人的人生道路又是如此漫长,没有人能预见到自己会遇到怎样的困难、怎样的挑战。一个负责任的教育工作者,应当给学生怎样的素养,让学生在离开自己的学校和老师之后,能够从容应对困难和挑战?对已有百年历史的双十中学来说,这是一个需要重新审视的问题。多年来,学校形成了"人文基础,理科见长"的传统,并因此成为蜚声省内外的名校。站在新百年的起点,双十要继承好传统,还要有所创新,有新的作为,不仅要让学生热爱科学、初步具备科学的思维,还要让学生具有人文情怀、人文素养。人文和科学,就是学术的双翼,缺一不可,只有两者兼备,才能飞得更高、更远。这就是"崇尚人文,热爱科学",双十在新时代努力追求的教育理想。

"五育五品十面融通",即以学术课程为抓手,规范学术道德、增强学术意志、启迪学术审美、强化学术实践,最终形成综合的学术素养。具体阐释如下:

(1)以"智"育"德",规范学生的学术道德。我们强调把学生培育成品学兼备者、核心价值观的践行者、民族复兴大任的担当者。譬如,我们开设学术通识课程,这个课程涵盖了领导力、逻辑思维、学术写作规范、学术道德等多方面内容。一方面,该课程注重与科学发展的最前沿接轨,让学生了解最新的、最有价值的学术知识、学术规范;另一方面,通过课程,要求学生在实验研究、课题研究和论文撰写等方面具备严谨、真实、公正的态度,在学术交流、合作和竞争中保持诚信、互助和谦逊的品质。

(2)以"智"益"体",培养学生的学术意志。梁启超说:"学术思想之在一国,犹人之有精神也。"这是那个动荡年代的士人在中国卷入世界体系、面对变局时所激发的学术意志。学术意志往大了说,是对身处的那个时代及处境的学术应答;往小了说,是学术人克服自身"恶"后的趋"善"意愿,表现为一种学术信念和学术意志,最终成为其在学术道路上不断上进,最终走向学术"至善"的内在动力。我们强调把学生培养成持之以恒的自律者、志存高远的奋楫者、坚韧不拔的挑战者、阳光健康的开拓者,就是系统地通过我们的校园文化建设、丰富的校园活动、多样的社会实践活动课程和体育、音乐、美术等学科课程及其延伸的校本课程,让学生在校园生活中、社会实践中、课程活动中锻体、炼心,培养较高的认知能力和社会与情感能力。

(3)以"智"创"美",启迪学生的学术审美。学术是以求真为目的的,求真的机制是想象力在理性的引导下通过知性来协调、整合感性的形式与质料。这种机制必然伴随审美价值的产生,这就是学术审美。一旦这种价值被自觉,这种自觉就成为学术的原动力,纯正的学术人生将因为美的发生而变得有意义、有活力。我们强调把学生培养成为协调发展者、自觉审美者、积极创造者,就是希望通过学术课程中有关美育的学科课程、研究性学习、社会实践活动课程等,启迪学生的学术审美,激发学生的学术想象,获得知性与理性的协调一致,从而极大地触发学术创造的超验性与主体间性。另外,学术活动的审美内涵中除美之外还有崇高感,我们的学生若如此终其一生,也就完成了一种崇高的人格塑造。

(4)以"智"启"劳",强化学生的学术实践。目见耳闻,切问近思;力学笃行，求真务实。我们认为，只有真正走出校园，迈向田野，在祖国大地书写青春华章，于人民之间体悟基层万象，学生的学术活动才真正接地气，真正具有了活力。作为一所学术高中，我们强调把学生培养成为主动规划者、敢于负责者、专注笃行者和善于合作者。譬如，我们升级了社会实践活动类课程的课程思想，提出要由"社会实践"走向"学术实践"，对研学活动做"学术注入"，对劳动课程、实验课程做"学术领航"，通过实验与项目、实践与社会、演讲与辩论，以动手实践、目标拆解、走进社区等方式引导学生将所学习到的学术知识加以应用，提升学生的创新思维能力、领导能力、团队协作能力等综合能力。

（5）以四育促"智"，提升学生的学术素养。通过规范学术道德、增强学术意志、启迪学术审美、强化学术实践，完成德、体、美、劳四育的培养，最终反过来促进"智"的深层次发展，即由智力向思辨力和创造力的逐步递进，通过对自身智力的加工思辨后进行运用而付诸行动，这个行为达到一定能量且创新时，便成为创造力。从这个角度说，我们就是通过四育促"智"，进而完成拔尖创新人才的基础培养。而追寻这条拔尖创新人才的培养路径，正是和价值驱动型学术高中建设密切相连的。我们认为，学术型高中应将"五育"与"五品"进行课程融合、学科融合、活动融合，这是培养拔尖创新人才走向学术人生的基础性工作，也是让一个学生成为全面发展的人的重要基石，其最终的目标是把学生培养成为知识渊博者、深度探究者、问题解决者和理性批判者。

综上所述，价值驱动型学术高中的使命和愿景就是：对校长和管理人员而言，要依据办学优势和历史传统凝练学校特色，建设学术高中，为区域教育发展发挥示范辐射作用；对学校教师而言，要营造学术文化，为个人和教研团队学术发展助力；对学生成长来说，要浸润学术课程和活动，为学生创新卓越人生奠基。

三、价值驱动型学术高中的"双十"探索

（一）构建指向素养的学术课程体系

培养什么人、怎样培养人，这是明确双十中学办学理念、凸显办学特色时要解决的两大关键问题。在当前这样一个充满变革的时代，教育要适应社会的快速变化与发展，就要以培养学生的创新精神和实践能力为重点。教育的根本目的，就是要关注学生的全面、终身发展，特别是学习的意愿、能力以及情感态度价值观方面的健全发展，这也是社会发展和进步的长远的根本利益所在。随着对素质教育认识的不断深入，我们认为课程应是学生"生命存在活动的一种预期"，一切课程不可缺少对学生的考量，这就应综合考虑学生的发展需要和发展可能。与此同时，课程还应当是学生"有获得性的生命存在活动"，这意味着学生的需要和发展，一定需要某种具体的有效的实施与评价方式。

在多年的办学改革探索过程中，我们愈发深刻地认识到，在高中学校特色发展和育人模式创新中，课程是最基本的突破口。在学校发展过程中，从培育特色课程出发，逐步建立起具有特色的课程体系，进而形成课程文化，彰显学校特色，成为众多学校发展的普遍选择。课程建设是一个动态适应、不断优化的过程，是课程目标、课程设计、课程内容、课程实施、课程评价、课程效果等环节呈现的综合结果，它不仅包括对国家课程的改进，也包含一些地方课程和学校课程，课程建设的价值和意义指向满足学生全面发展和个性发展的需求。

基于以上认识，双十中学高度重视课程建设，面对教育改革新浪潮，学校坚持"科学人文双翼齐飞，五育五品十面融通"的办学特色，致力于建设价值驱动型学术学校，为各行各业培养创新型领军预备人才。与此同时，探索将此办学特色和办学目标融入课程建设中，努力构建高标准、多层次、学术性、国际化、有特色的"逐梦·追善"课程体系。

（二）完善多元多层的学术育人体系

从面向全体的角度来看,学校拥有五大学科竞赛学习共同体、66个学生社团、多个艺术团和运动队,还有双十先锋派等特色品牌团体。以先锋派为例,"双十先锋派·与青年面对面"座谈会(简称"先锋派")是思政研究室打造的品牌项目,旨在为社会培养有理想的学生。我们用学生喜爱的方式,讲学生听得懂的语言,用学生能接受的形式共同上好思政课,让思想入脑入心。从时事要闻到校园生活,青少年们学党史、悟思想、谈奋斗、聊竞赛,上下贯通,既有生活的"烟火气",又有理论的"高精尖",一期一会一主题,听原声、悟原理、谈感想、树理想,面对面思想交流,心中激起阵阵涟漪。可以说,"先锋派"是双十找到的打开青年学生心扉的"钥匙"。

从个体发展的角度来看,为了满足具有创新潜质资优学生的个性化需求,实施因材施教,双十中学创新性地结合"书院制"与"导师制",通过精心设立九章书院、墨子书院、时珍书院、天河书院和求阙书院五大书院,分别致力于数学、物理、生化、信息学及人文社科领域的深入探究,从而实现对各个学科领域的全面覆盖。在此基础上,学校创造性地提出了"5+2+2+N"的人才培养方案,即"构建五大书院,立足人文和科学,依托校内外双导师,开设N门高阶课程",为学生的全面发展提供坚实的学术支持与指导。书院由国内多所顶尖高校知名教授和双十中学资深名师联合领衔,为学生提供个性化学业指导和生涯规划引领。各高校导师通过线上线下相结合的方式为学生开设系列高阶课程,并带领学生走进高校实验室,指导学生独立承担课题,开展兴趣和任务驱动下的体验式、探究式学术研究,打通基础教育和高等教育之间的人才培养壁垒,为学生提供大中学共育人才的一体化平台,实现拔尖创新人才培养的无缝衔接。

（三）提升丰富多样的学术文化体系

学校进一步完善体现学术内涵、凸显学术元素的环境文化,建设鼓励创新创造、规范学术研究的制度文化，实践坚持合作探究、勇于开拓进取的行为文化，培育科研兴校、以研促教的精神文化，耕耘学术的土壤，创造学术的氛围，开展丰富多彩的学术活动，促进每一位学生的学术发展。例如，作为双十中学精品校园活动品牌——双十大讲坛，采取请进来的方式，聘请全国著名大学、研究机构的专家学者们，以开设讲座的方式开展学术交流。他们当中有诺贝尔奖获得者、两院院士、著名教授，也有深受学生喜爱的教学能手、年轻教师。"中国天眼""人工智能与网络安全""宇宙之王——引力""倾听大数据的声音"……他们将大学的课堂带入高中，用大学学科的深度和广度，重新定义知识的意义。学校通过坚持打造高品位的"学术之体"、高质量的"学术之翼"、高格调的"学术之魂"，为人才培养提供了新路径、新思路。2024 年 1 月，双十中学被教育部推荐为首批全国中小学科学教育实验校。

（四）强化协同层递的学术师资体系

作为厦门市首批"中小学教师发展示范学校"，学校致力打造学术型教师队伍。

首先，突出思想引领，倡导价值观驱动。我们从党的百年奋斗历程中汲取智慧和力量，以培根铸魂、启智润心为主线，不断完善、提升"双十追善"的党建品牌，进一步打造"党建＋品质"教育。

其次，集聚各方资源，成立教师协作体。2021 年，我们聚合各方资源力量，成立了教师发展中心。中心依托专业教育科研机构，聘请专家指导团队，发挥本校的名师工作室、校级教研员的力量，坚持"面向全体、培养青年、扶持骨干、塑造杰出"的原则，分类指导，重点突破，助力老师们实现"一年合格、三年优秀、五年成骨干、十年成名师"的专业发展目标。我们还从清华大学、北京大学、剑桥大学等高校招聘大批有良好学术研究素养的硕士、博士，为学术型高中的建设增添新动能。截至目前，学校已引进北京大学、清华大学博士 6 人，建成双十中学博士工作站，通过博士的学术引领，利用博士引进的学术资源，深化跨学科学术合作，拓宽学术研究领域，带领一批名校硕士，增强学校在学科竞赛、科技创新、学术科研、发明创造等领域的学术力量。

最后,重视协同层递,聚焦教师传帮带。充分发挥学校各级各类名师工作室、工作坊的名师培养作用,工作室(坊)吸纳本校中青年优秀教师,结成专业发展共同体,以课题研究为抓手,共同提升专业水平,跨越高原,众行致远。截至2024年,学校拥有教育部领航工程名师1人、国家级名师1人、正高级教师7人、特级教师5人、省级名师10人以及市级名师185人。学校教科研成果显著,仅2020年就有3位老师主持或参与的项目获得"福建省教学成果特等奖"。

（五）整合增殖提升的学术支持体系

首先,在评价体系上,构建助推教育多元样态的增殖性、发展性评价体系,尤其是在创造性个性和实践性特长发展方面,建立适宜创新精神和实践能力培养的过程性评价和发展性评价,以此完善适合师生自主成长、个性创造力充分发挥、有创新性发展和终身性发展的多元化质量评价标准,并在探索建立由政府、学校、家长及社会多方参与的教育质量综合评价体系。其次,保障经费投入,借助各级教研机构和高校的专家力量,形成了一批教育教学实验研究的共同体。最后,在教育资源上,重组适应学术创新、学术研究的教育资源支持体系。学校通过再造校园教育空间,深度开发智慧校园,建设多样态教育教学活动场所,丰富人工智能应用场景,支持与提升师生核心素养和创新思维。

四、未来发展思路

未来,学校将继续推进新时代高中育人方式的改革,通过分层分类的学术育人体系,引导学生树立正确的国家观、历史观、民族观、文化观;通过创造性统整并实施国家课程,积极探索基于情境与问题导向的互动式、探究式、体验式的课堂教学模式,开发具有双十特色的项目式、研究性、实践性的特色精品课程;通过举办学术活动、学术论坛等形式,开拓学术视野,活跃学术思想,进一步形成师生关注学术发展、追求学术精进的文化氛围；通过课题引领、教学研讨、科研实践，聚焦学术素养，培育学术能力，打造一支教育理念新、育人能力强、学术规范严、学术水平高的学术型教师队伍；通过新建高端实验室，优化软硬件设施，建成线上线下学习共同体、校内校外学术培育合作体，切实为学术型高中提供坚实的资源支持。学校将乘"科学"与"人文"之双翼，融"五育"与"五品"之十纬，在师生共同追寻学术发展、追求生命卓越、实现个人价值的道路上不断前行，为厦门教育探索高中多样化办学贡献自己的力量！

第三章
学术型高中生的时代画像

科学与技术飞速发展的时代,更是科学与技术人才竞争的时代。在高中教育阶段,建设一批学术性研究型高中,为培养一批敢于并善于在科学领域、技术领域创新的人才奠基,无疑是特别重要的一环。学术型高中是聚焦于学术,注重学生研究能力培养的学校,旨在通过开发可选择的丰富的学术课程,建设学术型教师团队,完善导师引领、实践体验、自主探究等学术培养策略,引导学生浸润在具有学术性特征的学校文化中,最终培养学术性素养、专业精神和审美情趣,促进学生高阶思维发展,为拔尖创新人才的培养奠定坚实基础。因此,"培养什么样的学术型高中生?怎样培养学术型高中生?"至关重要。本章将聚焦并回答以上两个核心问题。

第一节　学术型高中生的内涵与关键

在中国,时任江苏省教科院基础教育研究所所长的彭钢先生率先提出"学术高中"的概念,其后,深圳中学于2010年提出了"建设学术性高中,培养创新型人才"的办学目标。然而从目前的研究成果来看,"普通高中学术型学生"这一概念尚未成熟。十多年来,关于学术高中培养的"学术型高中生"的定义少之又少。普通高中学术型学生以成为创新人才为发展目标，其培养策略的制定必须基于其概念内涵的厘清。若要真正把握其内涵，或许我们可以从几个重要组织、国内某些省市学术和创新人才培养计划、国内外若干名校的教育哲学中获得启迪，从定位、定义两个方面进行深入分析。

一、核心：定位学术型高中生

（一）指向全体发展

教育公平，在某种意义上，是指所有人都有权接受他需要并适合他的教育，每位学生的潜在能力都应得到充分的发展。为每个人提供最适合的教育才能实现真正意义上的教育公平。① 2023 年，中共中央办公厅、国务院办公厅印发的《关于构建优质均衡的基本公共教育服务体系的意见》及教育部等 3 部门印发的《关于实施新时代基础教育扩优提质行动计划的意见》都在致力于全面推进教育公平和内涵发展。基础教育在国民教育体系中处于基础性、先导性地位，对促进人的全面发展、提高民族素质起着至关重要的基点作用，也是教育公平的重要内容。在全面建设社会主义现代化的新征程中，强化基础教育公平的路径驱动将进一步深化综合改革，促进由受教育权利的公平向教育资源、教育过程、教育质量、教育机会的公平迈进。因此，普通高中学校要坚持"全覆盖"理念，充分尊重每个个体受教育的权利，面向人人办教育。

价值驱动型学术学校下的拔尖创新人才培养，正是实现教育公平的一种形式，与大众教育并非两个矛盾对立、非此即彼的概念。任何阶段、任何形式的教育都是对人的培养，都应该包含创新意识的培养，只不过创新的程度不一样。正是基于这样的认识，双十中学在价值驱动型学术高中建设中打破传统精英主义教育模式的束缚，坚持以人为本教育理念

---

① 第八战略专题组.教育改革与制度创新研究［J］.教育研究,2010(7):45-50.

的核心要义,为每位学生提供适合的教育,尊重教育规律和学生身心发展规律的要求,充分体现以人为本、人尽其才的思想。明确面向基础教育阶段的全体学生,而不局限于小群体的精英教育,使教育资源和机会得到更为公平合理的分配。在教育过程中,学校充分尊重学生的个性差异,提供多样化的教育资源和路径,以满足不同学生的需求。特别关注那些对学校特色不感兴趣或缺乏潜能的学生,通过适当的引导和帮助,让他们也能从学校特色创建中获益,避免成为特色创建的"旁观者"。努力聚焦每个学生的兴趣爱好、个性潜质和基本素养,无论他们背景如何、能力如何,都能在教育过程中找到自己的位置,实现自我价值的最大化。这样的教育理念和实践对于推动教育现代化、实现教育强国目标具有重要意义。

（二）指向全面发展

普通高中学术型学生都是具备良好学术素养的学生。其发展方向偏于基础理论研究,兴趣倾向偏于智力发展与学术研究,他们能够在学术研究中表现出良好的创新精神和研究能力,一般具有更强的专业知识和创新能力。一般的高中生以适应社会生活、高等教育、职业发展和为终身发展奠定基础为目标;而普通高中学术型学生则面向创新型人才发展,以探索科学规律、推动社会进步和为自由发展奠定基础为目标[1],二者存在较大差异。

二、关键:定义学术型高中生

基础学术素养是学术型学生的关键素质,那么什么是高中生的学术性素养呢?《辞海》释义:学术指具有专门、系统的学问,素养指经常修习的涵养。国内顶尖大学的学者、国外招生官在探索学术型、创新型人才

---

① 中华人民共和国教育部.普通高中课程方案(2017年版)[S].北京:人民教育出版社,2020:3.

的培养模式时，多次强调需要重点培养学生的 6 种能力：好奇心、想象力与兴趣保持能力，洞察与选择能力，独立思考、辩证批判的能力，探究能力，抗挫折与坚持能力，领导与协作能力。牛文涛将学术素养归纳为"学术意识、学术知识、学术能力、学术伦理道德"4 个要素。[①] 姜远才等认为，普通高中学术型学生培养要体现学段特点，要以为高等教育输送具有学术潜能的学生，为国家基础研究输送拔尖创新人才为根本目标，所以学术型高中生在素养结构上至少要包含自主学习能力、坚强意志品质、高阶创新思维和社会责任担当 4 个方面。[②] 黄朝晖和刘旭东认为，高中阶段能发展未来优秀人才的个体智力、创新人格和创新思维，用探究体验等有创新思维特点的"术"，构建学生系统化的"学"，即学科知识与技能、学科优势与潜能、学科创新方法与实验操作能力、现代技术应用能力等学术性素养，使其在高中能成就学术知识、学术能力和学术品格。[③] 2007 年，北京市教委重点资助的"翱翔计划"出台《拔尖创新人才选拔标准》，共有 8 个方面，其中涉及了"有扎实的知识基础；具有超越同龄人的学习潜力；有超常的认知能力；有超常的思维能力和较强的好奇心；具有超常的敏感性和创造性；有超常的学习内在动力；有广泛的交往和良好的交流能力；有较为突出的相关领域学科特长或特殊的才能"。

国外学者强调"在特定领域的竞争力和知识"及"综合能力"，加利福尼亚大学和华威大学分别增加了批判性思维和迁移能力。国际文凭组织设计的全球统一化课程：IB 课程（注：International Baccalaureate，简称 IB 课程）是一个以培养世界精英型人才为主的、成熟的、国际化的素质教育课程体系。其目标主要是把学生培养成：探究者，知识渊博的人，思考者，交流者，有原则的人，胸襟开阔的人，富有同情心的人，敢于冒风

① 牛文涛.经济类研究生学术素养培育及路径优化——基于劳动力市场的视角[J].科教导刊(中旬刊),2017(26):61-62,192.
② 姜远才,刘玉新,宫海静.论普通高中学术型学生的培养[J].中国教育学刊,2020(5):12-16.
③ 黄朝晖,刘旭东.基于实验的普通高中学术性拔尖创新人才培养策略研究[J].教育理论与实践,2022,42(14):11-15.

险的人,全面发展的人和反思者。哈佛大学在录取新生过程中,要求提供"校方报告",其中有"附加的个性评价(additional general ratings)",共涉及 15 个方面。这些方面几乎是所有美国名校都关注的:好奇心(或求知欲),创造性(或创造力),学业成绩,学业前景,领导能力,责任感,自信心,为人的热忱,幽默感,关心他人,活力,成熟,主动性,对挫折的反应,受老师们重视的程度。

基于以上理论,我们认为,对学术型高中生的定义可以重点关注以下 4 个方面。

(一)高度的社会责任感

作为为社会各行各业领军人才培养奠基的学术性研究型高中,应当把学生社会责任感的培养放在重要位置。被称作"哈佛预备学校"的美国著名私立高中安多佛学校在其校徽上刻有"不为自己(NON SIBI)"的字样,他们把培养学生的责任意识、服务意识作为学校的首要任务。在英国,伊顿公学则要求每个学生"当自己离开中学时,应有贡献社会的愿望,否则就被视为学校教育的失败者",责任、荣誉、国家同样是每个人应牢记的核心价值观。我国的高中,在培养目标上更应有这样的追求。

(二)强烈的求知动机

兴趣是学术性素养的基本内涵,好奇则是科学研究持续进行的强大动力。基于对物质世界的统一和谐的坚定哲学信念和竭力探求事物内在本性的顽强欲望,爱因斯坦把他后半生的精力献给了统一场论(unified field theory)。尽管他最后并未在此取得成功,但这并不影响人们对这位科学巨匠的敬仰。因此,学校要把激发学生好奇心、保有对未知世界持续探究的欲望作为培育学习兴趣的起点,通过丰富的课程与活动,让学生在积极、主动、广泛的参与中逐渐发现自己的优势所在,并投入更多的时间和精力展开学习,引导学生在持续学习中将这种优势转化为学习兴趣和志趣、爱好和特长,甚至成为自己未来专业和职业选择方向,从而培养出一批不问功利、具有强烈的探究未知世界好奇心的学者。

（三）突出的创新思维

基础教育的育人目标并非指向考出高分的"拔尖人才"，而是要着力培养全体学生的科学精神、人文素养、创新能力和批判性思维，培育出具有创造力和问题解决能力的新时代创新型人才。新课程改革也更注重学习者在知识时代的可持续发展，我们更加期待学术型高中生能够以一个"独立思考者"和"创新创造者"的身份，去面对他们所遇到的一切不熟悉的问题，成为一个"问题解决者"和一个"学会了怎样学习的人"，成为一个具有自主学习能力和创新能力的"批判性思维工作者"和"终身学习者"。

（四）坚韧的精神品质

高中生是实现中华民族伟大复兴中国梦的承担者与主力军，是实现这一目标的主要依靠力量。他们一般处于 15～18 岁的年龄阶段，他们经过本科、硕士与博士阶段的培养，大约 10 年后就会服务于我国科技等各项事业。而科学研究是一项艰苦的工作，培养学生自律精神与坚毅的品格就显得格外重要。自律就是严于要求自己，使自己有信心站在世界的顶端，成为真正的领导者。坚毅的品质和不屈的意志是中华民族的优秀品格。"两弹一星"精神是值得国人永远继承的，打造"中国基础教育的特种兵"是时代的呼唤，在任何时候都不会过时，更不能让它丢失。因此，毋庸置疑，对于高中生的意志品质理应全力加以培养。

基于以上分析，普通高中学术型学生的特殊定位和关键素质便清晰可见。总的来说，普通高中学术型学生是有志于成长为拔尖创新人才，具有高度的社会责任感、强烈的求知动机、突出的创新思维、坚韧的精神品质的高中生。要想实现高中阶段学术型学生的培养，学校必须做好激发学术兴趣、形成学术能力、提升学术素养、健全学术品格 4 个方面的工作。

第二节　五品:学术型高中生的时代画像

党的二十大报告提出,实施科教兴国战略、强化现代化建设人才支撑,"坚持教育优先发展、科技自立自强、人才引领驱动,加快建设教育强国、科技强国、人才强国,坚持为党育人、为国育才,全面提高人才自主培养质量,着力造就拔尖创新人才,聚天下英才而用之"。这对拔尖创新人才的选拔培养提出了新的时代要求。为此,我们将建设价值驱动型学术高中作为特色发展的定位,为卓越人才奠基,为学校新时代发展铺就前行的道路。

《中国教育改革和发展纲要》明确指出,中小学校要"办出各自的特色"。学校的文化是学校的核心和灵魂,是一种无形的精神力量,而又是奠基于学校长期以来的办学传统和历史发展的,是办学特色最根本的来源。双十中学通过对百年办学经验、人文积淀的梳理、总结、提炼,基于学校的现实条件和时代要求,从整体上探索高中教育的特色发展之路,将那些同化师生素质、内化在学校品质里的校园文化融入办学特色,提炼出"科学人文双翼齐飞,五育五品十面融通"的学术型高中生培养路径。

一、科学人文双翼齐飞

当今的世界,多元融合,多元发展,要成就卓越,尤其需要具有人文、科学的双翼。因此,我们于2006年始,抓住高中新课改的契机,提出"尊重生命、崇尚人文、热爱科学、追求卓越,把学校建设成为师生生命成长、人生发展的幸福家园"的办学理念,并秉承"人文基础,理科见长"的办学传统。在新时代,我们与时俱进,创新发展,更追求"崇尚人文,热爱科学"的教育理想，以满足学生浸润人文、探索科学的兴趣，引发学生对人文、科学的共鸣，发展发现力、想象力和创造力，提高问题发现、实践探索、创新研发的水平。

首先，从生命气息来说，"吾善养吾浩然之气"，这是古往今来人文学者和科学学者所共有的。

其次，文以载道，自然可观，科学之于人文，有着错综复杂、互相交流的共通点。譬如，诗词中有对偶，《易经》中的阴阳是对偶，化学中的正负电子是对偶，高能物理中的对称群是对偶，发现了这些问题，且有意识、有兴趣地去探索问题发生的根源及其错综复杂的关系，就会发现：对偶的观念虽肇启于哲学和文艺思想，但对近代数学和理论物理的影响很大。类似的还有"公理"，如古代希腊人和我国战国时的名家，好言善辩，寻根究底，因此在西方产生了对"公理"的讨论，影响了整个自然科学的发展，从欧几里得的"几何公理"到牛顿的"三大定律"，再到爱因斯坦的"统一场论"，莫不与公理思维相关。诸如此类的问题都会激发学生寻根究底的兴趣，增强他们发现问题、解决问题的意识。事实上，人文与科学的交叉融合是显而易见的。譬如，对于一个系统，我们完全可以在某一单纯原理上，就两个相反相成的状态，进行集体分类，就像土壤的含水量可以分为干湿两个相反相成的集合，经济运行状态也可以分为积累与消费两个相反相成的集合。大道至简，就像我们对待一切事物的主观态度，都可以以某一种客观的平衡值，将事物分为正反、黑白、上下、左右、大小、轻重、长短、粗细，甚至是好与坏两个相反相成的状态进行集合分类。

最后，如今科学、人文的学科分支越来越精细，内容越来越丰富，但其融合的途径也越来越多元，融合的内容也越来越紧密，这既是时代进步的必然，又是历史发展的自然。人文与科学的融通学习，不仅能加深对问题、事物的认识，而且能逐渐把握问题、事物的规律。譬如，物理学需要实验，数学需要论证，文学需要对生活进行描述，美学需要对审美对象进行价值判断，等等。学生有了这些认识，把握了这些规律，学习便能进入如鱼得水的境地，想要学习任何知识便会变得轻而易举。认知结构便能产生变化,知识能力便能向核心价值取向变化,学习胜任力便能向生活胜任力、社会胜任力变化,乃至实现由学会学习向学会研究、学会处事、学会做人变化,由此全面提高人文素养和科学素养,乃至综合素质。更重要的是,在学会学习、学会做人、学会处事的同时,产生对人文领域、科学世界的无限向往和无穷求索,切实根据自身的兴趣和特点,进行志向选择和生涯规划,自觉履行人生责任和社会责任。

这些都表明人文与科学的融通、思想与道德的合一教育对学生思想、情感和人生、未来发展的影响是巨大的,对提高他们的综合素养和全面素质是卓有成效的,也证明我们的办学理念与实践探索将是正确的、成功的。

二、五育五品十面融通

即以学术课程为抓手,规范学术道德、增强学术意志、启迪学术审美、强化学术实践,最终形成综合的学术素养。具体阐释如下所述。

(一)规范学术道德,培养品学兼备者、核心价值观的践行者、民族复兴大任的担当者

学术道德是治学的基本要求,是学者的学术良心,它具有自律和示范的特性。培养具有强烈的道德自觉性、充分了解相关学术规范、具有道德行为能力的学术新生力量,从而为推动一个良性循环、可持续性发展的校园学术生态圈的建立提供充足的道德氧气,至关重要。

为此,双十中学十分重视学生的学术道德规范。学校长期开设学术通识课程,该课程涵盖了领导力、逻辑思维、学术写作规范、学术道德等多方面内容。一方面,让学生了解最新的、最有价值的学术知识、学术规范;另一方面,在实验研究、课题研究和论文撰写等训练中不断引导学生形成严谨、真实、公正的态度,在学术交流、合作和竞争中保持诚信、互助和谦逊的品质。

（二）增强学术意志，培养持之以恒的自律者、志存高远的奋楫者、坚韧不拔的挑战者、阳光健康的开拓者

在学术科研的漫漫长路上，学生的成功不可能一蹴而就，频繁的心理打击、高强度的压力都是做学术科研必须经历的过程。想要做好学术科研，学生必须有足够强的忍耐力、坚定的意志以及持之以恒的决心，并将其发展为在学术道路上不断上进，最终走向学术"至善"的内在动力。双十中学通过系统的、丰富的体育活动及其延伸的校本课程，有目的地让学生在校园生活中、社会实践中、课程活动中锻体、炼心，磨练意志品质，提高抗挫折、抗竞争的意志力，做到关键时刻能够"咬紧牙关不掉队"。比如，学校根据学生课程进度、季节等因素，陆续推出"曳步舞""尊巴舞""曙光啦啦操""塔巴塔健身操"等深受学生喜爱的素质练习以丰富大课间活动，并在每周二下午开设击剑、游泳、校园马拉松等体育特色校本课程。

当然，学校对学生学术意志的培养，绝不仅局限于体育活动，而是渗透在教育教学的方方面面。福建省"最美教师"赵祥枝老师常常以"教书匠"自居，但他的"匠"，不是单纯的只教书、不育人，而是坚持教书和育人和谐统一的匠心独运，在潜移默化中引导学生树立正确的世界观、人生观、价值观。他酷爱长跑，曾完成过十几个厦门全程马拉松，拥有个人终身号码。在他看来，长跑是最能磨练意志、提升耐力和意志力的运动。跑道不仅是他磨练意志的地方，更是他教育学生的第二课堂——除了自己跑，课余时间他经常带着学生跑，在操场、公园、环岛路，到处都留下他们的足迹。在跑步过程中，他像大哥哥一样与学生交流谈心，了解他们的心事，排解他们的困惑，在学生心中种下关于信念、奋斗、卓越、价值的种子。许多学生在他的陪伴下，放下包袱，打开心结，不仅爱上数学、爱上学习，更对人生有了新的思考。

（三）启迪学术审美，培养协调发展者、自觉审美者、积极创造者

学术活动的审美内涵除了丰富的学术想象，获得知性与理性的协调一致，触发学术创造的超验性与主体性，还有极度的崇高感，若能如此终其一生，将会完成崇高的人格塑造。

课堂作为孕育学生审美追求的主阵地，关键是通过多样、灵活的教学引发学生的审美兴趣与审美自觉。双十中学致力于在学术型教学中通过传承和弘扬中华优秀传统文化，从而将审美的力量渗透在双十学生的每一个毛孔，增强学生的文化认同感，助力其健全高尚的人格。特级教师陈聪颖的天文地理课上，不管是天上亿万星斗的秘密，还是大地之下沉睡的石头，各种地理知识他都能信手拈来；在正高级教师陈温柔的课上，学生的思维穿梭于历史的缝隙中、文明的进程中，很多史实趣事伴着时空的转移和朝代的变迁，呼之欲出，超乎想象；奥赛"金牌教练"、正高级教师张瑞炳，经常把古诗词、哲学、历史等学科知识融入数学课堂，还研发"函数操"，让学生爱上数学，迷上数学。学生的评价里，充满着对教师人格和学识魅力的景仰之情，而他们也在潜移默化中努力成为求真知、求真理、做真事、做真人的自己。

（四）强化学术实践，培养主动规划者、敢于负责者、专注笃行者、善于合作者

《尚书·无逸》说："不知稼穑之艰难，乃逸乃谚。"学生的学术活动只有真正走出校园，迈向田野，在祖国大地书写青春华章，于人民之间体悟基层万象，才真正接地气，真正有了活力。双十中学将"社会实践"升级为"学术实践"，在研学活动中注入"学术"，把劳动作为"学术领航"，引导学生在实验项目、社区活动、演讲、辩论中应用学术知识，提升创新思维能力、领导能力、团队协作能力。

每年开展的竹坝农场实践活动，让每一位双十学子都能直观感受田间劳动乐趣；他们自己动手修电器，了解电路构造；走进各个纪念馆，用

脚步丈量厦门文化,了解厦门历史,坚定他们的文化自信……从"书本育人"到"实践育人",多元化的活动让学生的关注点不再只是课本知识本身,而拓展到了生活的方方面面。他们在实践中,感受爱、传播爱,学会合作、学会创新,成为一个有深度、有高度、有温度的新时代青年。

(五)提升学术素养,培养知识渊博者、深度探究者、问题解决者和理性批判者

完成德、体、美、劳四育四步的培养,规范了学生的学术道德、增强了学生的学术意志、启迪了学生的学术审美、强化了学生的学术实践,终将反过来促进学术之"智"的深层次发展,把加工思辨后的自身智力进行运用和付诸行动,不断激发学生的创造力。

学校设立了学术探究日,开展师长导学、学术讲座、创新实践等丰富活动;还持续办好"双十大讲坛"活动,邀请了100多位包括诺贝尔奖得主在内的高校专家或行业翘楚,传递前沿学术信息,开拓学术视野,活跃学术思想。2023年5月,双十中学定制了"访名校""进企业""寻古迹"三位一体的学术研学路线。根据专业兴趣方向,学生分组前往北京大学物理学院、信息科学技术学院、数学科学学院、光华管理学院和清华大学计算机系、电子工程系、车辆与运载学院和物理学院参观。在各个学院,学生听取教授的专题讲座,了解学科前沿动态与学院培养方案;体验清北的趣味小课堂,参观专业实验室,了解学科创新突破成果,感受高校真实的科研氛围。学生还深入各大著名企业参观,来到美团总部的综合指挥中心,深入了解美团的发展历程、经营业务和企业文化,沉浸式体验了美团大数据产品服务、智能配送车、无人机等高科技研发成果,感受到我国企业在科技研发和社会服务方面的突飞猛进,体会到了数字技术在商业运营中的广泛应用与重要作用;来到字节跳动,参观贴心小邮局、场景化职能服务窗口、健身娱乐室、文化产品演示厅等场所,在企业发展历程和产品矩阵展厅,了解这家仅用10年就走到行业最前端的年轻企业,感受大数据时代互联网企业的极致效率和社会价值。在交流与思考的过程中,学生不仅对学科的发展前景、行业的发展状况、真实的企业环境、不同的人

才需求有清晰直观的认识,更收获了探索世界的方法、创新创造的火花,希冀以一种全新的方式,精准定位未来,找准"学术型高中生"的努力方向。

第三节 学术型高中生的培养策略

当今世界,科技发展瞬息万变,巨量信息汹涌而来,学校教育要如何应对?"办好人民满意的教育""全面贯彻党的教育方针,落实立德树人根本任务,培养德智体美劳全面发展的社会主义建设者和接班人""加快建设高质量教育体系,发展素质教育,促进教育公平"。习近平总书记在党的二十大报告中,关于教育的系列论述振聋发聩。站在新征程、新起点,双十中学继往开来,坚持立德树人,切实办有高度、有深度、有厚度、有力度、有温度的基础教育高质量品牌学校。用创新激发活力,用奋斗促进发展,用求真、求善、求新、求美、求勤、求合达成育人目标,切实落实五育并举,多样化、差异化发展,这是双十面对新时代育人模式变革的实施路径。

一、德育为先,涵养学术之气

"十年树木,百年树人",学校德育工作任重而道远。双十中学以立德树人为导向,以社会主义核心价值观为核心,以全面育人为目标,根据不同年龄阶段学生的身心特点、知识水平、思想实际和品德形成发展规律,科学建构初中、高中阶段的德育目标,通过完善的德育课程体系、精彩纷呈的德育活动,助力学生成长成人。

例如,"双十先锋派·与青年面对面"座谈会(简称"先锋派")是思政研究室打造的德育品牌项目,旨在为社会培养有理想的学生。该项目由学校党委委员牵头,将各科室主任和全体思政课教师等各方思政力量汇聚在一起，每期有一位主讲老师，邀请十几位青年学生代表，紧扣重大时事和社会领域热点问题进行讨论座谈。这样的德育思政课堂具有以下几大特点：一是选题"活"。习近平总书记强调："要坚持理论性和实践性相统一，用科学理论培养人，重视思政课的实践性。"重视思政课的实践性，就要用好"活"的现实。因此，在话题的选择上，我们紧紧围绕立德树人的根本任务，突出对青年学生的思想引领，"建党100周年""新疆棉事件""孟晚舟回国"……既紧扣时政热点，又聚焦责任担当。同时，以话题凸显主题，"从小学党史，永远跟党走""从'中国红'里体悟信念、责任和奋斗"，以学生喜闻乐见的方式呈现，让座谈会真正活起来，交流变得近起来。思政与现实的结合，就能有效教育引导学生增强中国特色社会主义道路自信、理论自信、制度自信、文化自信，厚植爱国主义情怀，把爱国情、强国志、报国行自觉融入坚持和发展中国特色社会主义事业、建设社会主义现代化强国、实现中华民族伟大复兴的奋斗之中。二是人员"动"。打破座谈会"指定参与"的传统，每期座谈会随机选取青年学生，不论成绩、不论排名，共话主题。与会学生就相关内容选取不同角度，提前观看视频、查阅文献等资料，结合自身实际，拟定发言稿。同时，每期座谈由党委委员领衔，中层干部和思政课党员教师共同参与，旨在打造一个上下贯通、聚合力量的思政研究平台。三是成效"实"。首先，座谈会常态化的开展，以热点话题为中心，将青年学生和党员教师串联在一起，聚焦青年学生的责任与担当，加强了阵地建设，深化了思想内涵。其次，党员教师们座谈会前分别指导学生，自主拟定发言，会上以漫谈形式开展座谈，不同于朗诵、演讲，师生全程脱稿，真正实现思想的碰撞，锻炼了学生的表达能力、分析能力和应变能力，综合素养大大提升。最后，座谈会后，师生代表把座谈会上的精神和内容，通过班会课、国旗下讲话等阵地带到每个班级、扩展到全校，使思政教育接地气并覆盖到每个学生。

二、智育为根，延展学术之长

推进新时代育人方式改革的关键在于转变教学方式。以成为拔尖创新人才为目标的学术型高中生培养亦如此。教师要遵循学生的认知规律,通过基于问题导向的启发式、案例式、探究式等多元化教学方式,让学生在思考、实践、交流和展示中亲身体验知识生成和应用的过程,探索创新解决问题的方法和策略,从而提升学生创新思维品质和问题解决能力。

为此,学校教师积极探索基于情境、问题导向的互动式、启发式、探究式、体验式等方式的课堂教学,注重加强课题研究、项目设计、研究性学习等跨学科综合性教学,认真开展验证性实验和探究性实验教学,通过变革课程设计和实施的时间与空间,整合学科内资源和跨学科资源,引导学生发现现实生活中的真实问题情境,激发学生主动提出具有创新价值的实际问题,结合可动手、可探究、可合作的实践性任务,让学生运用所学知识和工具对收集的资料进行问题分析,在解决问题的同时,开展相关成果展示活动,促进学生由单向被动学习转变为多向互动学习。

三、体育为重,强健学术之身

提升每一种体育训练方式,探索多元教学模式。双十中学坚持"健康知识＋基本运动技能＋专项运动技能"的体育教学模式。各学期安排2～4课时,学习科学锻炼和健康知识;以 18～20 课时的时间,研习掌握基本运动技能;其他教学课时,学习足球、篮球、游泳、网球、武术等专项运动技能。制定学校体育锻炼制度,组建体育兴趣小组、社团和俱乐部,推动学生积极参与常规课余训练,保障每天一小时的体育活动时间。

健全竞赛和人才培养机制,推进体教融合。双十中学建立体育竞赛体系,进一步推进体教融合。与厦门市竞技体育发展中心签约共建市青少年女子足球队,推动竞技体育创先争优,拓宽育人渠道,倾力培养本土苗子,为厦门市女子足球队输送高水平运动员。

四、美育为翼,提升学术之质

美育是塑造青少年健康心理和健全人格的重要途径,是培养人具有美的理想、美的情操、美的品格和美的素养的综合教育,对青少年的认知、情感、意志发展起着全面促进作用。同时,美育的功能和价值还在于提高青少年的审美素养和人文素养,为文化强国建设筑牢根基。

双十中学鼓励学生参与人文校园的建设,加入校园雕塑、石刻等人文景观的设计队伍。不同主题、不同风格和不同材质的校园雕塑,犹如学校的精神载体分布于校园中的每个重要角落,它们不仅仅是单一的物质形态,更散发着学生设计者的审美气质与艺术素养。

比如,日晷广场是双十景观的精华区和植被、景观小品的密集区,这里坐落着命名为"日晷"的雕塑。该雕塑由 2018 届校友朱振荣建模设计,其中可以窥见他对校园的观察和思考——在广场中心画出十二边形表盘,染上卵石材质,表针指向十点十分;用两圆相交拼出饱满的月牙形,中间勾出桁架,再于每个桁架节点穿插银球。日晷基座的晷针,与地平面成24.27度角,正是双十中学的纬度;装饰性的晷针与晷盘垂直,而晷盘的地平夹角与晷针互补。同时,日晷的中轴对称面不与校园坐标平行,而是偏向西侧道路。实际上,双十中学枋湖校区也并非南北对正,而是逆时针旋转了 5 度,因此看似歪斜的日晷,指向的正是正南方。可见,校园的一桌一椅、一楼一阁,都是设计者用心的考量,都是一份关于严谨与热爱的精神礼物,让人一走进校园就感受到积极向上的审美文化熏陶。

五、劳育为媒,拓宽学术之界

根据中共中央、国务院发布《关于全面加强新时代大中小学劳动教育的意见》,教育者应厚植"劳动创造快乐,劳动创造美好生活,劳动铸就优秀品质"的观念,培养学生热爱劳动、勇于创造的良好行为和意识。作为厦门市第一批劳动示范校,在劳动育人的价值体系建设上,双十中学制订了《福建省厦门双十中学关于劳动教育实施方案》,坚持从3个维度书写劳育图卷:编写材料,多彩课程育人;实践锻炼,创新劳动教育方式;科研引领,劳动评价研究成特色。鼓励学生身体力行参加劳动,磨练意志,掌握知识,提升新时代青年的核心素养,构建新时代劳动教育体系。

然而,新时代的劳动教育,特别是学术型高中的劳动教育绝不能仅仅停留在简单的劳作层面,还应走出学校,走向社会,统筹社会资源,积极与学生的职业生涯规划紧密结合。学生对人工智能、网络开源情报等系列前沿技术感兴趣,学校就邀请专业人士授课后,走进企业,参与相关实践;学校通过设计22条劳动研学路线,学生自主选择,研学课程包含医学、金融学、信息技术、公共管理、航空航天、新媒体等领域,带领学生深入职场、对话行业专家,感受心仪技术领域。此外,双十中学已经构建"3+3+1"生涯规划指导体系。"3+3+1"生涯规划指导体系中的第一个"3"是引导学生深入探索自我、探索职业、建立个人兴趣与社会兴趣相结合的生涯目标;第二个"3"是抓住选科、专业定向和院校定位3个关键节点开展工作,帮助学生科学理性完成决策;"1"指的是建设一个分层分类的多元培养方案,最大限度地解决学生在高中阶段的多元发展需求。

在高一阶段,学校主要通过科学生涯测评和心理测评,以及生涯与劳动融合课程和研究性学习帮助学生加深对自我的了解,获取更多职业专业和院校的相关信息,建立一生一档案;通过生涯教育校本课程,帮助学生适应高中生活的转变、掌握探索的方法、明确方向、提升个人的能力,并初步完成分科决策,同时指导研究性学习的形式和方法,从而唤醒学生生涯探索和发展的意识,掌握生涯发展的方法,完成基础的自我探索和外部探索,科学完成选科决策。

第四节　学术型高中生的发展性评价

如何"评"学生，如何在学生成长、成才的过程中以"评"激励学生的能力和意志，拼搏出更靓丽的未来，是学校在不断探索前行的一条路径。在评价体系上，双十中学构建助推教育多元样态的增殖性、发展性评价体系，尤其在创造性个性和实践性特长发展方面，建立适宜创新精神和实践能力培养的过程性评价和发展性评价，以此完善适合师生自主成长、个性创造力充分发挥，具有创新性发展和终身性发展的多元化质量评价标准，并在探索建立由政府、学校、家长及社会多方参与的教育质量综合评价体系。

一、政策与方向

2004 年 2 月，《国家基础教育课程改革实验区 2004 年初中毕业考试与普通高中招生制度改革的指导意见》颁布，第一次提出"综合素质评价"概念。若以此为标志，将其确认为中学学生综合素质评价得以确立和实施的元年，则 20 年来，学生综合素质评价改革得到了迅速且极具影响力的快速推进。2014 年，《国务院关于深化考试招生制度改革的实施意见》明确提出要"探索基于统一高考和高中学业水平考试成绩、参考综合素质评价的多元录取机制"；2016 年福建省教育厅印发了《福建省普通高中学生综合素质评价实施办法（试行）》，并在 2020 年正式颁布《福建省普通高中学生综合素质评价实施办法》；2021 年，福建省普通高中综合素质评价信息管理系统应用省级培训开班；2022 年，为落实《深化新时代教育评价改革总体方案》工作部署，加快实施国家教育数字化战略行动，利用信息化手段完善以发展素质教育为导向的中小学生综合素质评价体系,教育部决定遴选一批积极性高、条件具备的区域,开展信息技术支撑学生综合素质评价试点工作,更是使学生综合素质评价现代化发展迈上新的台阶。

早在 2017 年,双十中学便制定《福建省厦门双十中学综合素质评价学生手册》并开始实施,2020 年 8 月又根据实施办法的文件精神进行了完善和补充,从 6 个不同的维度展开综合素质评价。内容如下:其一,思想品德。主要考查学生的政治素质、道德品质、法治意识和行为习惯养成情况。其二,学业水平。主要考查学生各门课程基础知识和基本技能掌握情况,以及综合运用知识分析解决问题等能力。其三,身心健康。主要考查学生的健康卫生意识、健康生活方式、体育锻炼习惯、身体机能、运动技能、心理素质、安全素养等。其四,艺术素养。主要考查学生对艺术的审美感受、理解、鉴赏和表现的能力。其五,社会实践。主要考查学生的社会责任感、创新精神和实践能力情况。其六,劳动素养。主要考查学生的劳动观念、劳动能力、劳动精神、劳动习惯和品质等情况。

二、逻辑与内核

双十中学的学生综合素质评价承接历史逻辑而来,其维度与学校百年办学历史和学校传统是一脉相承的,与百年办学历史中积淀而成的教育理念和教育思想是相承接的。作为价值驱动型学术高中,学校立足文化积淀和育人经验,尊重生命,崇尚人文,热爱科学,形成了"生命实践教育、人文渗透教育、科学探究教育、艺体审美教育"4 大特色品牌,以及"尊重生命、崇尚人文、热爱科学、追求卓越"4 个教育维度,而学校现如今正在实施的学生综合素质评价与此高度契合。

比如,学生综合素质评价中的"学业考评"维度包含课程成绩考评和学科素养考评,不仅考查学生的基础型课程成绩,还考查学生的校本课程(含学科类和社团类)成绩,且将学生在各级学科竞赛中取得的成绩纳入考查范畴,这就充分体现了双十中学教育维度中"崇尚人文、热爱科学"这两个方面。综合性的评价方法推动成就各领域人才,而学生们的自我价值也得到最大程度实现。

再如，学生综合素质评价中"身心健康""艺术素养"两个评价维度，也与学校教育维度中的"尊重生命、追求卓越"是高度契合的。为构建德、智、体、美、劳全面培养的教育体系，双十中学坚持健康第一的教育理念，通过开展丰富多彩的体育活动，帮助学生在体育锻炼中享受乐趣、增强体质、健全人格、锤炼意志。同时，充分利用学校宣传栏、国旗下讲话、主题班会、大课间、课外体育活动、体育竞赛、家校协同联动等多种形式，帮助学生从实际行动上领会体育锻炼的意义和价值。另外，学校也注重艺术育德、育智、育健，推动学生健全人格、全面发展、张扬个性。双十中学民乐团里弦声悠扬，练功厅里舞步生花……在此熏陶之下，学校也在厦门中小学艺术节和学校音乐周暨"七艺节"展演活动中荣获六个"一等奖"，展现了学校艺术教育的丰硕成果。

在"劳动素养"方面，双十中学将劳动实践服务教育贯穿到日常生活中，将劳动教育、生涯教育与良好家风融合。倡导从自身做起，从教室、校园做起，整理好书桌，布置好教室，美化好宿舍；开展创建"绿色家园"活动，参与社区卫生大扫除，清理卫生死角、维护道路交通等；开展"爱萌伴读"，针对有需求的小学生进行课外兴趣辅导；开展"同心同愿"活动、"万人献爱心"活动，在义捐义卖活动中为遥远的人们带去力量。更有劳动教育与科技教育相结合，推动学生充分利用通用技术课、信息技术课和科技类社会实践基地，在体验人工智能、大数据、芯片研发等新型劳动形态的过程中进行创造性劳动和多元劳动实践。2023年，在第二届"闽港澳青少年社会责任推广大使"评选活动中，学校获评"优秀青少年社会责任推广学校"。在校本综评系统中，双十中学注重课内外劳动过程和结果体现，真实反映学生个人生活事务处理，主动服务他人和社会，生产工具使用，相关劳动技术掌握以及勤俭、奋斗、创新、奉献的劳动精神养成情况。此外，在劳动素养的评价研究方面，王翠霞老师主持的"基于CIPP评价模型的中小学劳动教育评价体系研究"，被立为全国教育科学"十四五"规划2021年度重点课题，从背景评估、输入评估、过程评估、成果评估4个方面入手，将诊断性、形成性和总结性评价有机结合，建构的评价体系具有广泛的适用性。

在"思想品德"维度方面,对学生在爱国、仁爱、友善等方面的考查,其实更是双十中学百年来思想品德教育传统的集中体现。百年前创校之时,双十中学便秉持"爱国、为民"的初衷,抟心揖志、一心一意地办好学校,精益求精地开展教育事业。经过数十年的奋斗,学校跃上福建省教育先进水平,教育质量进入全省前三名,并被评为福建省重点中学。改革开放后,学校继续高扬"爱国"和"为民"之旗帜,并把其具体化为"热爱祖国从热爱家乡、热爱学校做起;热爱人民从尊敬师长、团结同学做起",而这样的精神也与社会主义核心价值观中的"爱国、敬业、诚信、友善"等重要内容相契合。基于这样的传统,学校高度重视思政课堂与思政课实践活动,并成立了以党委书记、校长欧阳玲领衔的"双十中学思政研究室",以巩固习近平新时代中国特色社会主义思想在意识形态领域的指导地位。学校被评为全国"培育和践行社会主义核心价值观先进校"。

双十中学的教育力求培育学生核心素养,以及构建评估素养的评价体系,体现了百年以来的教育思想、教育理念。

三、创新与进步

双十中学的综合素质评价在内核上延续历史的同时,也在行稳致远的路上脚踏实地,逐步推进学校学生综合素质评价常态化实施的实践创新,推出契合时代特征的办法。双十中学的学生综合素质评价维度与教育部发布的"中国学生发展核心素养"高度相接,"中国学生发展核心素养"以培养"全面发展的人"为核心,分为文化基础、自主发展、社会参与3个方面,综合表现为人文底蕴、科学精神、学会学习、健康生活、责任担当、实践创新6大素养,具体细化为国家认同、国际理解、社会责任等18个基本要点。双十中学的学生综合素质评价中考查学生"人文素养和科学素养"的维度,与"中国学生发展核心素养"中的"人文底蕴、科学精神、学会学习"3大要素是相一致的,学校学生综合素质评价也旨在为学生的终身发展奠定基础；学校学生综合素质评价中考查学生"生命成长、人生发展"的维度与"中国学生发展核心素养"中的"健康生活、责任担当、实践创新"3大要素是相一致的，以此鼓励学生大胆超越自我，不断追求卓越。

（一）评价关注的维度多元，评价形式也力求多元

高中新课标指出："采用形成性评价和终结性评价相结合的方式，既关注结果，又关注过程，使对学习过程和学习结果的评价达到和谐统一。"学校坚持形成性评价和终结性评价并重的原则，使教学评价成为学生认识自己、激励自己的教育方式，不仅有利于学生综合素质的发展，尤其是学生分析问题、解决问题的能力，注重给予学生更大的自主选择空间，以减轻学生的压力，以此来激励学生学习，帮助学生有效调控自己的学习过程，使学生获得成就感，增强自信心，培养合作精神，使学生从被动接受评价转变成为评价的主体和积极的参与者。

（二）顶层设计全面，区块链赋能综合素质评价发展

学校力求顶层设计全面周详，评价体系基于发展而生。双十中学以招生考试制度改革为契机，顺势而为，紧跟时代和改革的脚步，第一时间统筹谋划，领悟理解变革的实质，提升学校的管理水平，建立与课程设置变化相适应的德育管理制度，致力于学生的发展，不忘初心。双十中学作为厦门市首批高中学生综合素质评价的实验校，以课题的方式进行攻关研发。学校拨付专项经费用于支持综合素质评价工作的开展，特别是用于综合素质评价系统的研发和运用。与此同时，积极汲取走在教育发展前沿地区的优秀经验，曾两次赴上海、浙江学习综合素质评价具体操作和实践模式。经过思考、学习和研究，得出结论：高中学校不应该仅仅是学生综合素质评价的记录者，只为高校提供原始数据，更应该以此为契机，提升学校的信息化管理水平，做好顶层设计，促进学校管理的转型升级，切实通过综合素质评价促进学生的综合素质提升，真正做到以人为本，以生为本。

　　现有的全国大部分地区通用的学生综合素质评价工作虽转变了我国基础教育的育人方式,但是仍然存在诸如综合素质评价效能不高、客观性不足、方法不合理、评价系统安全性不够等问题。2019 年,习近平总书记在中央政治局第十八次集体学习时强调,要把区块链作为核心技术自主创新的重要突破口,要积极推动区块链技术在教育领域中的应用。2020 年,教育部网站发布《对十三届全国人大三次会议第 4045 号建议的答复》,是对关于运用区块链技术推进中高考改革的建议进行答复,从中提到在互联网背景下,随着大数据、云计算、人工智能等为代表的新技术快速进入教育行业,教育业务的线上数据在各个学段、各类学校的各个层面,尤其是在学生成长发展记录综合素质评价等方面发挥着重要作用。融入区块链技术的学生综合素质评价有效升级了传统评价模式,促进学生综合素质评价的透明公开,确保学生综合素质评价相关数据的安全性,还可以通过接口形式与其他系统对接,更为轻松地获取学生相关的活动数据信息,使学生的评价数据更加整体、全面。特别是上海和福建厦门等地,已经将区块链技术引入学生综合素质评价。

　　双十中学则通过新的方式探索以区块链技术为主的技术在教育数字化转型中的应用,党委书记、校长欧阳玲所主持的课题"基于区块链技术的中学生综合素质评价征信体系构建及应用研究"被立项为教育部重点课题,并以高分顺利结题,证明了双十中学在综合素质评价数字化领域走在了前列。基于此,学校建设完善综合素质评价平台,包括网站、手机客户端等,主要实现 4 个目标:其一,对接福建省的综合素质评价平台。省平台可以一键抓取或传输学生综评的结果性材料。其二,学校综合素质评价平台可以留存包含图片、视频等更翔实的学生综评过程性材料。其三,可以促进学生综合素质发展和个性特长的培育。其四,促进学校的教育教学管理转型升级。

　　维果斯基的"最近发展区理论"认为,教学应着眼于学生的最近发展区,为学生提供带有难度的内容,调动学生的积极性,发挥其潜能,从而进行下一个发展区的提升。基于该理论,学校的综合素质评价有分值,但评价分值量化的目的就是在参照系中不断触摸最近发展区,激发自我潜能,从而使学生的水平得到质的飞跃。《福建省厦门双十中学综合素质评价学生手册(试行)》规定,综合素质评价为每学期考评一次,基本分为 100 分,而此分值是不同于卷面考试的分数,综评的分值不排名、不公开,仅供学生本人与家长参考了解。评价的 6 个维度及其在基本分中的占比如下:思想品德 15%,学业水平 25%,身心健康 15%,艺术素养 15%,社会实践 15%,劳动素养 15%。这些考评成绩可以是量化分数,也可以是代币奖励法下的"小红花""小星星",或是绩点。

(三)具体操作细致,常态化实施分步推进

学校采用分步推进综评常态化实施的办法,具体操作循序渐进。在确立了评价实施思路后,学校制定了一套较为完善的评价体系,评价方式采用多元评价的方式,包括班主任评、科任老师评、小组互评,其中小组互评又采用自评和他评相结合的方式。学生的过程评价结果最终会以评价报告的形式呈现。确定了评价方案后,如何才能促进这一方案的常态化实施,而不是师生在学校要求的评价时间点集中突击开展,是促进这一方案常态化实施的重要一步。为此,学校充分利用信息技术打造了一套以"学生成长数据记录和统计分析"为基础的学生综合素质评价管理系统,真正打通政策实施的"最后一公里"。

自系统实施以来,学校以"教育评价"为突破口,组织全校师生利用平台开展教育评价工作,所有班级启用实写记录、学业测评、艺术测评、体质测评等功能模块。其间评价产生的数据,为学校初步呈现了学生综合素质的整体发展水平,也为学生所在班级各项评比、学生个人荣誉评选提供了较为科学和全面的参考依据。这也更加坚定了学校运用信息技术助力评价的常态化实施、提升德育管理水平的信心。

在此基础上,双十中学还启用了网上活动课程、学生心理测评等功能模块,通过活动课程平台,有计划地安排校内外的实践活动,做到"活动前有规划,活动中有记录,活动后有反馈指导",在活动课程中实现校内教学组织变革,提高教师对综合实践活动实施的规划能力和设计能力,而学生也可以在活动课程中发展创新精神和实践能力。

在实施程序上,双十中学按照写实记录、录入校本平台、整理遴选、公示审核、录入省级平台、形成档案 6 个流程进行。在真实性保证方面,学校在综合素质评价平台上研发了"同学圈"这一项目,即每名学生的活动记录和佐证材料中,除个人隐私信息外,一经发布,即会呈现在公共页面"同学圈"内。一方面很好地保障了综合素质评价材料的真实性,另一方面也丰富了校园文化生活,为其他同学的自我发展也起到了激励和镜鉴的作用,形成良性竞争环境。

学校通过这样分步递进的方式实施学生综合素质评价,有效利用学生综合素质评价系统开展工作,因此常态化开展综评的工作制度也逐渐确立下来。现如今,双十学子们已经养成了利用系统随时随地记录日常学习生活的习惯;老师们也充分利用碎片化时间,高效率地完成评价工作,使评价不再是一场"集中突击、匆忙收场"的任务。

(四)评价成果颇丰,合力共建教育新生态

经过几年来的运行,双十中学的教师能够更深入地了解学生,并更加科学地通过综合素质评价的各项数据指导学生向各领域发展,而不是培养只会应试的、机械性的学习者;双十学子能够更加客观地评价自己,并不断在自己的最近发展区上有所超越;家长们可以更加便捷地实施家校互动,共育教育新生态。

系统的教师端功能能够让教师便捷地记录学生情况,全面地了解学生,更智能化地实施教育指导。具体表现是:①记录方式更多样。教师可以录入电子材料,可以采用人脸识别技术录入,也可以导入纸质材料;可以单件材料录入,也可以批量材料导入。而对于一些容量较大的视频材料,可以通过链接各大视频播放平台的地址来实现对学生情况的记录。②管理学生更加智能化。评价系统可以记录学生校内校外的日常行为表现情况,通过对学生日常行为规范加分或者减分,以及数据评比等方式了解学生、教育学生,从而引导学生的发展。譬如,学生因违反规定而减分时,可以通过参加志愿服务的积分来加分补偿,这样便可使学生学会用主动承担社会责任的方式来弥补自己的不足,实现自我的进步与发展；再如，班集体得到年段或学校的表彰之后，全班同学都可凭此荣誉加分，这样便形成了"集体荣誉人人共建，集体荣光人人共享"的集体主义意识。③了解学生更加全面。双十中学的学生评价平台打通了校园刷卡消费系统、图书馆借阅系统、宿舍门禁管理系统等涉及学生管理和活动的各个系统，这样就方便了教师全面了解学生的学习与生活、课内与课外的情况，及时掌握学生思想动态，把德育工作做细、做充分。

系统的学生端功能能够促进学生的自我评价和发展。学生可以查看自己平时的各项记录，可以上传和补充个人档案资料。如补充能够展示自己特长的材料，以及社团活动情况、志愿服务记录，还包括研究性学习、社会实践、个人荣誉、阶段性小结和反馈等材料的上传。学生可以自评、互评，也可以对评价进行申诉，可以通过各种良好的行为表现来抵消不良记录。这套评价系统的最大特色是"基于学生发展的循环系统评价"：一是学期初学生根据 6 大维度制定自己各方面的发展目标；二是期中班主任评估、学生自我调整；三是期末时出具"学生综合素质评价报告"；四是根据报告，在老师的指导下，学生进行自我调整；五是完善并制定发展目标，进入新学期的发展循环。通过这样的自我评价系统，学生得以循环往复地不断接近自己的最近发展区，并进入螺旋式上升的轨道，促进自我生命的成长。

系统的家长端功能能够使家长便捷地了解孩子的情况，并实现家校互联互通。评价系统支持家长查看自己孩子的档案资料，了解他们在校时的常规活动，了解他们的发展目标，以及教师所提供的各项建议。通过这样的方式，家长得以实时了解孩子的在校情况，也可以让家长帮助补充孩子各方面的档案资料，促进家校共同推进孩子的教育，记录孩子每一步珍贵的成长足迹。

通过系统的应用，学校的教育教学更加智能、高效。利用综合素质评价管理系统强大的数据分析功能，学校可以随时关注到各种层次的变化趋势，如了解全校学生的综合素质发展，了解不同年段的发展水平和特色，知晓不同班级的素质模块分布和班级在年段中的水平，掌握不同学段的学生特点。基于这些数据，学校可以动态调整管理模式和接下去所要开展的学生活动,也可以有针对性地调整教学过程与教学活动,从而使学校的管理决策更加科学。

简而言之,借助信息技术,双十中学的学生综合素质评价对传统评价模式进行了完善和提升,真正做到了评价有过程、评价写实和评价客观。在这个过程中,学校更加注重以学生行为为依据,逐步弱化标准化考试分数在评价中的占比,关注学生成长的过程性、发展性,全面构建健康多元的人才培养体系,使双十中学真正成为师生幸福成长的家园。

第四章
价值驱动型学术高中建设的新路径

学术型高中的创建是一项长期工程，需要绵绵用力，久久为功。2021年，双十中学开始以项目方式有计划、分步骤推进创建工作。在学校优势办学理念引领下，对标"强基计划"，依托高校及天域联盟平台，借鉴多方经验，通过创新学术培育机制，整合优质教育资源，加强校园文化空间建设，完善管理评价制度，着力培育学生学术性素养，彰显学校学术研究特征，全面提升学校学术性内涵，形成学术育人文化氛围。由此，重点持续推进下列3个项目，拓展学术型高中育人的模式与路径，更大范围推进学术性素养培育。

第一节　学校文化和空间的再造

一、定义"学校文化"

"文化"一词出于《易经·贲卦》："刚柔交错，天文也；文明以止，人文也。观乎天文，以察时变，观乎人文，以化成天下。"意思是通过观察天象，来了解时序的变化；通过观察人类社会的各种现象，用教育感化的手段来治理天下。在这里，"人文"与"化成天下"紧密联系，"以文教化"的思想已十分明确。它表示对人的性情的陶冶,品德的教养,本属精神领域之范畴。随着时间的流变和空间的差异,"文化"逐渐成为一个内涵丰富、外延宽广的多维概念,成为众多学科探究、阐发、争鸣的对象。"学校文化"是教育文化中的一个分支,这一概念最早由美国学者华勒(Waller)提出,他认为学校文化就是学校中形成的特别的文化。这种文化是一种群体性文化,体现一所学校办学理念、精神和风气,是在长期的办学实践过程中积淀而成的育人条件与校园氛围,与学校的历史和传统密切相关。对文化的结构解剖,有两分说,即分为物质文化和精神文化(非物质文化);有三层次说,即分为物质、制度、精神;有四层次说,即分为物质、制度、风俗习惯、思想与价值;有六大子系统说,即物质、社会关系、精神、艺术、语言符号、风俗习惯等。文化的结构包含哪些变量?众说纷纭,不一而足。总的来看,相关说法基本一致地认为包括 4 个层次:一是精神文化层,二是制度文化层,三是行为文化层,四是物质文化层。同样地,按照由内到外、由深至浅的变化过程,学校文化可以分为学校精神文化、学校制度文化、学校行为文化、学校物质文化。

二、铸造永恒的学校精神文化

学校精神文化是学校全体成员在教育实践和意识活动中经过长期孕育而形成的价值观念、审美情趣、思维方式的总和,包括学校核心价值观、办学目标、校训、校徽、校歌等要素。张东娇认为,精神文化相当于人的心脏,没有心脏,生命无从谈起。[①] 精神文化是学校文化的核心部分,作为一种不可替代的、无形的、蕴藏着育人价值的课程资源。它无时不在、无处不在、无事不在,跃动在讲台上,充溢在校园里,显现在人们的言谈与行动中。加强校园精神文化建设,对师生的健康成长、对学校的长久发展起着至关重要的作用。百年双十,从宁静的鸿山脚下开疆拓土,到如今"一校四区"格局全面形成,从省重点中学到省素质教育先进校,

---

① 张东娇.建设价值驱动型学校[M].北京:教育科学出版社,2020:8.

从福建省文明学校到全国文明校园、全国教育系统先进集体。双十中学有着"勇为最先"的丰厚积淀,脱颖于共性而独树了"追求极善"的个性精神,在骨子里镌刻了属于双十人的"勤毅信诚",养成了海纳百川的双十气质,诠释了敢想敢干的双十血性。

（一）双十中学核心价值观

追求极善,勇为最先。

（二）双十中学办学理念

尊重生命,崇尚人文,热爱科学,追求卓越,把学校建设成为师生生命成长、人生发展的幸福家园。

（三）双十中学办学定位

建设价值驱动型学术高中。

（四）双十中学校训

"勤毅信诚",源于 1922 年国学家贺仙舫先生为学校写的校歌,创始人及首任校长马侨儒先生将其选作校训(图 4-1)。

图 4-1　双十中学校训

（五）双十中学校标

校标取传统图案柱础为基本形,以中文"雙十"为主体(图 4-2)。柱
础寓意教师担负着育人的重任,又反映了百年双十悠久历史和文化底
蕴;"雙十"两字紧凑、浑然如一,源于学校 20 世纪 30 年代校服铜纽扣上
的标识,字形像压紧后松开的弹簧,又似破土而出奋力向上的事物,传达
出承载重压却韧性奋发的坚强聚力。校标借用"柱础"概念,质朴简洁,
刚直严肃,与"勤毅信诚"的校训一脉相承,体现了学校独特的信息内涵
和教育的属性。

图 4-2　双十中学校标

（六）双十中学校歌

钦吾侪,学生雍融相聚一堂。鹭岛上,鹿洞旁,共研磨,发愤图强。
习琴书,和弦歌,乐未央。一班班,一行行,气象煌。
勤毅信诚,敬业乐群,同学记着勿相忘,努力为国争荣光。

三、生成包容的学校制度文化

学校是制度化的产物,也是制度文化的存在。所谓学校制度文化,
是指学校的组织结构、管理模式与制度体系中承载、包含、表达的文化形
态,它通常通过国家或政府机构的教育方针政策、法规、条令、守则以及

学校的各种规章制度折射出来,是学校全体成员认同并遵守的文化精神、生活方式和行为准则的凝结,具有承载、传递并表达社会价值观与增强社会意识形态凝聚力的作用,反映着学校的整体精神面貌。[①]

双十中学积极促进教育理念认同、管理制度认同和质量标准认同,努力实现相互促进、合作共赢、共同发展。学校通过座谈、教职工代表大会、学生代表大会等形式,让教师们产生教育情感、教育思想、教育行为、教育精神的认同,达成"教育共识",形成"上下共一"的"共识教育",由此结成"命运共同体",把学校建设成为师生生命成长和人生发展的幸福家园。以教职工代表大会为例,教师代表们心系学校,认真履行职责,敞开思想、踊跃发言、各抒己见,集中反映师生的心声,提出多项意见建议,围绕学术建设、智慧校园建设、内涵式发展等方面积极建言献策。工会向全体代表做提案收集工作汇报,由校领导分别对代表们热议的问题进行解释说明,一致通过《学校工作报告》《工会工作报告》等制度文件。如今,双十中学教职工代表大会已顺利召开 15 届,久而久之形成了一种包容、团结、向上的制度文化。在文化的影响下,教师们肩负郑重嘱托,承载殷切期望,让学校制度真正做到了完备充分、紧扣实际且民主氛围浓厚。

四、开发鲜活的学校行为文化

学校行为文化是指学校全体成员思维和做事的方式,及承载这些行为的活动的综合,包括校长行为文化、教师行为文化和学生行为文化。其中,学生行为文化指学生的思维方式和行为方式的总和,可以从班级文化、行为评价、社团活动等方面进行。

苏霍姆林斯基说过:"没有活动就没有教育。"双十中学坚持人的理想信念培养不能靠"圈养",仅靠课堂和书本远远满足不了学生成长的需要。学校以立德树人为根本,贴近实际、贴近生活,利用三大类精品德育

---

① 冯永刚.学校制度文化育人的内在机理[J].中国德育,2023(16):20-24.

活动,促进学生综合发展,坚持开放式教育,努力办好人民满意的学校。

(一)个性化的班级活动

对于班级而言,独一无二的班级活动能极大程度地形成班级共识,凝聚班级力量。每学期初,德育处都会举办"最美班级"比赛,通过评选的形式,激励各个班级在大扫除、布置教室的过程中集思广益,形成各具特色的班级空间文化。看着教室装饰从无到有,班级内外焕然一新,学生在不自觉中也对集体产生了归属感;在劳动和创造中,又培养了学生对集体的奉献精神和责任感。类似的活动还有让大家在班级玩狼人杀、你画我猜等游戏的"玩转双十"活动,疫情防控期间班级自发举办线上跨年晚会,假期厨王争霸赛……学校为这些活动的开展提供了宽松的环境,老师们也乐于加入这些充满少年气的活动中。在个性化的班级活动中,班级变成了"我们班"。

(二)年轻化的节日活动

在双十,大部分节日都有它对应的活动,想到某个节日,脑海中就会浮现出在校时参加活动的场景。通过开展教师节、中秋节、重阳节等传统节日的庆祝和纪念活动,德育化抽象为具象,增进学生对优秀传统文化的认同感,活跃了学校文化氛围。比如,国庆节举办的"我爱你,中国!"国庆线上升旗仪式,厚植师生爱国为民情怀;为纪念一二·九抗日救亡运动举办的"传承红色经典·庆祝建党百年"朗诵比赛、"忆百年峥嵘·践青年使命"话剧比赛;为纪念"五四运动"举办"青春心向党·奋斗正当时"班级集体舞大赛、"青春年华建强国·嘹亮歌声响云霄"班班有歌声文艺晚会;在元宵节举办的猜灯谜、搓汤圆活动,在端午节举办的包粽子比赛,由学生组织,全体学生参与,寓教于玩。

(三)多样化的专题教育活动

专题教育活动包括安全防护教育、爱国主义教育、环境教育、垃圾分类等活动,我们从中遴选出贴近学生生活的教育活动,由学生策划组织适合学生的专题教育活动。比如,我们改变升旗仪式由老师主讲的传统,请学生代表站上主席台面向全校讲话,用学生的表达触动学生;我们将垃圾分类的教育工作交由学生来负责和监管,通过团支书的宣讲给学生普及基本的垃圾分类常识,通过劳动委员执勤落实垃圾分类的执行⋯⋯这些从学生中来到学生中去的专题教育活动,具有贴近学生、贴近时代的特点,被学生广泛接受。校园活动以集体生活的形式为学生提供体验各种关系的"场",在这个人际"场"中,学生自主地体验到了规范的作用,从而自觉地服从规范的约束。它从根本上改变了教育的灌输与强制,最大限度地突显了教育的自愿与自觉功能。

五、打造博雅的学校物质文化

学校物质文化是以物质实体表达办学理念及其核心价值观的表层形式,包括建筑文化、学校景观和学校文化设施。建筑文化指学校建筑样式、建筑风格等元素,学校景观包括自然景观和人文景观,学校文化设施包括图书馆和网络设备等。在文化教育功能的发挥上,格调高雅的校园物质文化绝不比空洞枯燥的说教逊色,它可以体现人性的自然、纯真、质朴,体现人性对美的渴望与追求。优美的校园环境建设,可以使师生解读其中蕴含的精神,陶冶道德情操,加深生命体验,感受校园文化的韵律。

为此,学校十分重视高品位的校园环境建设,营造人类文明、民族文化雕塑群、影像群;种植入学林、设立毕业碑;开设校史馆和师生成果陈列室;建立学生学习和教师教学经验库;开辟科学实验室、人文活动室;开设科学、人文讲坛;完善各种文化设施和各类师生文化社团,形成丰富多彩的科学、人文、艺体等特色活动项目,以学校文化凝聚师生灵魂,促进学校优质发展。

(一)穿越时光的精神坐标——老建筑群

人文性原则是双十中学校园建筑景观规划的一项基本原则。在校园环境的规划中,学校明确文化价值驱动的指向,尽量保留建校之初的规制,体现地域历史文化元素,烘托出学校的历史厚重感。

双十校歌中有一句"鹭岛上,鹿洞旁,习琴书,乐未央",点明了双十最初的校址所在。1923年,双十正式迁到外清保箭场仔新址(即镇海校区现址),彼时校舍初成、楼宇焕彩。双十以这里为"万年不拔"的永固之址,兴学广才,距今已经100余年。旧校舍经过历史沧桑或有更迭,但是校园内"育芳园"的波形围墙、教学大楼前长长的百级石阶、校训石刻都被谨慎地保留了。1999年建的老三届亭,现在是读书会、师生茶话会的选址。1989年兴建的黄其华体育馆,2022年经过翻修焕然一新,承接新时代赋予它的新使命。而那些已经拆迁但是承载着丰富历史记忆的建筑,学校则将它们的形象转化为校园VI视觉形象设计中的元素,成为演示文稿或是文创周边的设计要素。其中,最典型的当数团结楼。团结楼建设于1930年,建成后成为开学典礼、表彰大会、毕业留影等师生大型集会的重要场所。团结楼沉淀了双十师生爱国、爱家乡、爱学校的深挚情感,凝结着友爱、互助、团结的精神力量。在世纪之交的1999年,团结楼因学校建设必须拆迁。2021年,学校在启动视觉形象工程设计时,听取校友呼声,将团结楼作为主元素纳入设计当中。从此,在学校的文件夹、笔记本等文创物品上,在公告栏、公众号推文等宣传媒介上,新生一代也得以熟识那栋线条独特的建筑,几代双十人的情感坐标——团结楼。《双十中学百年华诞纪念册》校园篇的主编陆敏老师写道:"镇海是一部百年建筑史。"在鸿山脚下的方寸之地,这些老建筑,封存了百年的时光,也保存了百届学子的青春年华。

(二)润物无声的思想宝藏——人文景观

在遵循人文性原则进行学校环境文化规划时,双十中学坚持适度原则,将物质文化建设和精神文化建设有机结合,避免了为体现而体现,也避免了偏离学校的教育主题,而将学校规划成"地域文化展览馆"。学校充分利用精美的雕塑、醒目的标语、优美的连廊、成荫的绿树营造出良好的文化氛围,有些大石头,刻上激励性话语,栽在花园里,就形成了独特的校园石头文化,起到了怡情立志的作用。双十校园在色调上选择了红色和白色,它与校园的绿化色一起,使校园由红、白、绿 3 大主色调构成。红色象征热情、真诚和奉献,白色象征高雅、纯洁和善良,绿色象征生机、健康和希望。校园内的墙面大多是雪白的,安安静静,文字不多,但总能让人印象深刻。最大的是镇海校区百级台阶尽头、教学楼顶上高耸的"勤毅信诚",其次是枋湖校区占据了宿舍楼整个侧面的"热爱祖国从热爱家乡热爱学校做起,热爱人民从尊敬师长团结同学做起"。

学校委托 1997 届初中校友,即于福州大学厦门工艺美术学院雕塑系任教的吴曦煌校友,为枋湖校区设计制作校园雕塑。浸润在双十校园文化中度过青年时光的吴曦煌校友,选择了双十校训"勤毅信诚"设计了组雕《勤毅信诚》,分设在教学区 4 个位置,分别是以《凿壁偷光》典故为原型的"勤",以《愚公移山》典故为原型的"毅",以《一言九鼎》典故为原型的"信",以《精诚所至》典故为原型的"诚"。这些静置于校园里的雕塑,将抽象的校训转化为了生动可感的立体雕塑,深化了学生对校训的理解,加深了记忆。除了带有文化意味的校训组雕,学校里还有《晨读》《琴女》等人物形象雕塑,不论晨昏、不论晴雨地站立在校道旁。这些校园漫步时随处可见的雕塑,伴随着学生上下学,在潜移默化中陪伴学生成长,成为启智润心的教育载体。可以说,校园雕塑集中反映了学校特定群体的道德价值观和审美取向,是进行道德教育、审美教育的最好的素材之一,并在一定程度上给予了师生精神上的寄托。

注重人文关怀的校园环境,是一种润物无声的教育。校园环境因其倾注着学校对使用者的立意长远的关爱和理解,使身处其中的人潜移默化地受其影响。教育的达成是通过使人因舒适与温馨对环境产生依恋和认同,在思想上产生共鸣,而非通过强制灌输和令人眼花缭乱的填充。历经百年的底蕴,让双十沉淀出了属于自己的教育哲学,妙言至径,大道至简,更相信适当的留白和浸润式的长期影响,方能长远影响和改变人的思想、观点和立场。

（三）奔向未来的万里征途——学生发展指导中心

学校进一步完善体现学术内涵、凸显学术元素的环境文化。为了给学生提供一个温馨舒适的交流空间，为各类社团提供学生活动的场地，承担学校对外展示学生发展指导成果窗口功能，双十中学建造了面积为1226平方米（含室内、户外）的学生发展指导中心。该中心拥有11个功能区域：中心大厅、生涯探索通道、清北交流中心、学生活动办公室、战略模拟中心、融媒体中心、策划讨论室、模拟录播室、学术交流中心、景观文创区、户外景观区。开阔的空间、明亮的配色、全落地窗户、丰富的多媒体设备、多功能的使用空间，这些不仅让双十的学生发展指导中心成为校园里亮眼的风景，更让它成为学生愿意栖息的自由空间。

在学生发展指导中心的墙面上，不仅有丰富的色彩，还有丰富的思想。除了中心大厅的墙面上，关于学校学生发展体系的介绍是面向教育者的，其他各个空间的文字大多是面向学生的。该中心不仅信息量大，而且实用性强。设计过程中，学校组织了不同学科的老师、不同类型的学生征求对设计的意见，掌握了更多细节的使用需求，让空间不仅美观，而且能够实实在在发挥作用。例如，专门配有电脑的学生活动办公室，墙面上的文字大多是可以替换的，清北交流中心的学生照片是可移动、可拆卸的，每个房间都设计了方便小组讨论或展示的可擦式白板墙及多媒体设备，大厅设计了可以容纳学生心愿的心愿胶囊墙，个别房间设计了镜子可作排练房使用，还有充足的储物空间。在空间非常紧张的情况下，学校还将边上不规则的净水房区域做了防水设计加以利用，改造成了展示学生文创设计成果的文创展示区。

高中是一个破茧成蝶的过程，学生发展指导是为学生的成长铺路，也是为学生搭建一个大舞台，让他们尽情发挥，展现自己的才华，开启新的发展大门。双十的学生发展指导中心是一个充满理想主义色彩的空间，它的设计理念是"面向更远的未来"，寓意对美好明天的憧憬，传递了信心和希望，象征学子不断奋进，朝着自己的未来不断探索开拓。它仿佛一个折射出生命多元性的多面镜，通过每一个设计和功能截然不同的空间,激发学生探索未来的好奇心,从思考未来出发,唤醒学生自发产生价值驱动,形成一种"不用扬鞭自奋蹄"的价值自觉,在努力中成就辉煌。

（四）遇见自我的梦想长廊——生涯探索通道

高中生正处于生涯发展探索阶段的试验期,其主要任务是通过学校的学习进行自我认知和职业探索,形成初步的生涯方向,为实现今后的人生规划打下基础。与此同时,带有一定盲目性的尝试是该阶段的一个典型特点。解决路径,就是补上生涯规划教育这一环。

生涯教育对高中固有的教学模式提出挑战。长期以来,高中教育注重的是学生学科素养的培养,生涯教育要真正落地需要全校的整体性变动,阻力很大。学校生涯课程往往出现不成体系、内容设计主观性强等普遍性问题,因而学习效果不明显,学生不满意。在系统化开展生涯规划教育时,教育者往往既担心自己做得不够,又担心自己过度保护而让学生丧失了主动性。为了使二者达到更好的平衡,双十中学把重心放在为学生提供丰富且安全的探索资源和空间上,基于浙江等地在生涯发展方面的探索与实践经验,结合学校实际,打造了一条适合双十学生的生涯探索通道。

生涯探索通道是学生明确未来职业发展规划的重要场所,由"镜中自我""知己之旅""知彼之城""寻找可能"4大模块组成。在通过通道的过程中,学生可以跟着墙上文字的指引完成一次系统的生涯探索,从唤醒到认知,从探索到行动,4个具体的步骤都有对应的说明和辅助的壁挂式生涯探索仪器,让他们在玩的过程中思考自我,一步步完成自己的生涯探索之路,以此作为科学选科的主要借鉴。

（五）强强联合的 AI 空间——人工智能实验室

习近平总书记指出:"人工智能是引领新一轮科技革命和产业变革的重要驱动力。"如今的大环境是"各学科在人工智能的大背景下谋求发展",人工智能的发展与挑战,是新一代青年人的时代使命。因此,AI强国之路、人工智能领域的人才培养教育,皆应始于少年,为青年学生们打造先进的人工智能设备势在必行。在同济大学厦门校友会和双十中学2002届校友的资金捐赠下,双十中学建设"人工智能联合实验室",这是同济大学在福建省内中学设立的首个人工智能实验室,更是厦门市中学首个高端人工智能实验室。该实验室配备了国际领先的实验设施,包括2台"大眼机器人"、1台"大狗机器人"以及1个AI算力云平台。依托高校师资力量,开设特色新型课程体系,链接产业和高校的资源培养中学人工智能创新人才。实验室每学年牵头举办为期一周的科技展览及体验活动,设立大国重器展,由学生志愿者讲解,向全校师生普及中国当今军事海陆空及航天先进技术设备。学校展品极其丰富,民用设备展有"雪龙"号极地考察船、"蛟龙"号载人潜水器及远望号测量船等国之重器模型,展示了百年来民用科技的快速全面发展;航空航天展区有最新的运载火箭、月球车等模型;军事设备展分海陆空3大板块,有052C、054A、094战略核潜艇,辽宁舰航空母舰等海军军备模型,东方-21D、99A坦克等陆军军备模型,歼20、空警2000、运-20等空军军备模型。

(六)自由行走的图书馆——V屏+智慧班牌

教育信息化是教育现代化的重要组成部分,而网络信息设备是校园物质空间文化的关键要素之一,对提高教育质量和效益、培养创新人才具有深远意义。2018年4月教育部发布《中小学数字校园建设规范(试行)》的通知:为深入贯彻落实党的十九大精神,积极推进"互联网+"行动,提升中小学校信息化建设与应用水平,推动信息技术与教育教学的深度融合,切实加快全国教育信息化进程,以教育信息化支撑和引领教育现代化,服务教育强国建设。现阶段,教育行业的信息化发展已经开始进入加速期。为实现学校教育信息化的进一步发展和推动学校信息化教育的不断创新,双十中学从学校实际情况和特点出发,建设V校智慧校园业务平台,综合学校教务教学、协同教研、数字德育、学生成长等多个方面的信息化需求,在校园各个角落投放了近200块V屏+智慧班牌。

该班牌的突出功能之一是共享阅读,其连接了双十中学曾琦图书馆的后台数据库，由图书馆终端定期上传阅读书目推荐，发送至校园里的V屏上供学生浏览。推送的阅读书目涵盖社会学、文学、哲学、理学等学科门类，以各学科领域的经典作品为主。同时，系统还支持自动统计阅读大数据，包括读书榜、捐书榜、热书榜和新书榜。这打破了传统图书馆时间和空间上的限制，将覆盖的范围拓展到校园的各个角落，助力于学校打造书香校园，以此激发学生的读书热情，营造浓郁的学术文化氛围，进一步推动学校书香校园的建造。

校园文化在当今教育中应该发挥重要的作用。校园文化是常新的，是能够保持永恒魅力的，是能够唤起青年一代心灵的，是能够激发青年学生激情的，更是能够唤起青年一代高尚的、独立的人格追求和高尚的道德追求的。在校园软文化上，双十中学深耕指向学术素养和创新精神的校园文化沃土。学校在校园活动、氛围营造、制度建设等各个方面综合发力，突出学术特征、智能特征、开放特征，建设高品位、宽视野、大格局的学术性高中校园文化，为拔尖创新人才的发荣滋长培土筑基。在校园硬文化上，双十中学通过再造校园教育空间，深度开发智慧校园，建设多样态教育教学活动场所，丰富人工智能应用场景，支持与提升师生核心素养和创新思维。

第二节　课程和课程资源的更新

早在 20 世纪 90 年代，一些国家和国际教育组织就开始讨论 21 世纪所必需的技能。作为教育强国的美国，2002 年在联邦教育部的主持下成立了"21 世纪技能合作组织"，这标志着美国加强了对培养 21 世纪人才的重视程度。2007 年 3 月，该部门发布的《21 世纪技能框架》中突出了 4 个技能领域，以核心学科为基础，还包括学习与创新技能、信息媒体与技术技能、生活与职业技能。其中，"学习与创新技能"要求以建构主义知识观和教学观、布鲁姆的教育目标分类学、加德纳的多元智能理论等经典学习理论为依据。他们认为 21 世纪的学校要在教学过程中培养学生主动建构知识的能力,发展学生的高阶思维能力,养成终身学习的习惯和能力,塑造全面发展的学生。

当许多人醉心于我国学生"基础扎实"的时候,常常有人说,中国学生的基础比较扎实,只不过创新能力和动手能力比其他国家的学生弱一点。清华大学数学教授、菲尔兹奖获得者丘成桐博士却对这种说法不敢苟同,他认为,10 多年前招收的中国学生都非常优秀,但是现在的中国学生在哈佛的表现并不那么出色,遇到问题根本无法运用自己所学的知识解决,甚至一些名牌大学的毕业生亦如此。拨开云雾会发现,我们所醉心的"基础扎实",本质上是在一种不正常的训练体制下所日益强化的"应试技能"的扎实。知识源自外部、源自教科书,它们与个体的经验和生活剥离,是机械的、惰性的知识,而知识的熟练是以创新精神的泯灭为代价的。因此,当前课程改革乃至整个教育改革的基本任务是归还学生探究的权利,尊重学生自己的观念。

而创新精神的泯灭会导致什么结果? 眼前泛起的是"世界上最大的加工厂""中国制造最廉价"等评论。当我们极力探寻从"中国制造"走向"中国创造"之时,教育也许是一条救赎之路。因此进入 21 世纪,我们一直在教育教学变革的道路上不断求索,其中,新一轮基础教育课程改革可谓是中国教育界最具影响力的事件。2001 年,《基础教育课程改革纲要(试行)》中明确指出:"倡导学生主动参与、乐于探究、勤于动手,培养学生搜集和处理信息的能力、获取新知识的能力、分析和解决问题的能力以及交流与合作的能力。"与"学会知识"相比,更重要的是让学生"学会学习"。学生在课堂上所要学习和掌握的,不仅仅是基本的知识,更重要的是个人的能力培养,他们需要学会在面对未知事件时如何有效学习,并基于此解决问题,这就对学生的高阶思维能力提出了更高的要求。双十中学在对学术课程体系的优化和总结中,提出构建以国家课程为核心,兼容衔接课程、生涯课程、国际课程和特色课程的"大中小"一体贯通的课程群,课程群所有课程都面向全体学生,但又各有侧重。课程的特色在"大中小"一体贯通，课程的关键在学科融合、五育并举，课程的落脚点却是在全体学生。只有面向全体，五育并举，才能真正谈学生的个性化成长与多样化全面发展。

一、构建指向学术素养的学生发展课程群

双十中学努力构建高标准、多层次、终身化、国际化、有特色，指向学术素养培育的学生发展课程群，即"五课·五径"十向课程（图 4-3）。五课，即理想、学识、心理、生涯、生活 5 大类课程。五径，即学生发展指导 5 个维度的路径，培养学生不同的学术素养。

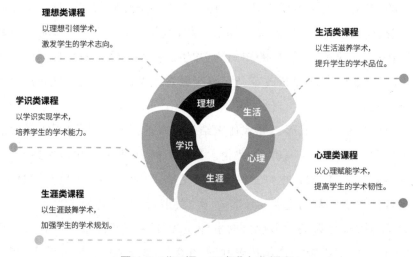

理想类课程
以理想引领学术，
激发学生的学术志向。

生活类课程
以生活滋养学术，
提升学生的学术品位。

学识类课程
以学识实现学术，
培养学生的学术能力。

心理类课程
以心理赋能学术，
提高学生的学术韧性。

生涯类课程
以生涯鼓舞学术，
加强学生的学术规划。

图 4-3 "五课·五径"十向课程

（一）以理想引领学术，鼓励学生的学术志向

在理想维度上，学校开展新生军训和红色研学等活动，增强学生意志品质和集体荣誉感；举办"双十先锋派"和"模拟联合国大会"等活动，培养学生沟通协作能力，开阔视野，锻造领袖能力；举行成年礼和毕业晚会，让学生感悟成人的意义，昂首走入新阶段。

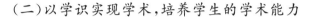

（二）以学识实现学术，培养学生的学术能力

在学识维度上，学校完善标准规范的国家课程，进一步通过开展学习工作坊、学习力提升课程、学业讲座等，培养学生的学习能力；通过开设学科类社团、研究性学习和强基计划辅导课程等，促进学生的学业交流，提升学生的学习品质，助力学生冲刺名校。

（三）以生涯鼓舞学术，加强学生的学术规划

在生涯维度上，学校举办生涯通识课程和生涯探索游园会来唤醒学生的生涯意识；开展学科职业体验课程、生涯发展工作坊和高校企业参访等活动来助力学生完成生涯体验与探索；在选科和志愿填报的关键阶段提供指导课程，帮助学生科学进行生涯决策。

（四）以心理赋能学术，提高学生的学术韧性。

在心理维度上，学校开展心理健康教育课程、心理讲座和心理工作坊，完成对全体学生的心理健康教育；通过全校普测及时发现危机学生，并有针对性地开展心理咨询和团体辅导，帮助学生减压减焦；举办各类心理社团活动和心理拓展活动，让学生表达内心，调适自我，积极社交。

（五）以生活滋养学术，提升学生的学术品位

在生活维度上，学校坚持"思想引领，理念先行"的活动方针，创新活动形式，用理念给学生活动赋能。十佳歌手大赛、班级集体舞比赛、寝室文化大赛、科技创新赛、消防安全演练……丰富多彩的活动，不仅让学生的校园生活更加精彩，也锻炼了学生的生活能力，让学生领悟生活与生命的意义。

"五课·五径"十向课程，通过形成属于双十特色学生发展课程，在多维度的指导下去唤醒学生自发产生的价值驱动，形成价值自觉，推动学生发展指导工作的实质性落地。

二、探索具有增殖性的资源更新路径

随着信息化、知识化、全球化时代的到来和课程改革的全面推进，更新教育观念，实现课程文化创新，已成为重点中学特别是学术型高中课程的使命。据此，学校加强了下列 3 个方面的探索。

（一）调整课程关系

课程关系说到底是课程与人的关系。课程改革的核心问题不是知识观和知识教育的问题，而是课程标准的价值取向和人的现实成长与未来发展的关系问题。基于这一认识，学校在课改实施过程中大胆打破古老的知识神话，代之以心智的开发、情意的培育和知行的践履，让学生在形成良好的行为习惯、健康的情感态度、高尚的人生价值观的前提下，去获得现实成长和人生发展所需要的知识、方法、能力和智慧。也就是说，课程教学不再仅仅是课程外在的知识传承和掌握，而是基于生命的内在需要所呈现的一种生活方式，及其通过这种生活方式所产生的对知识理解、知识应用、知识生成和知识效用的不懈追求。

（二）革新课程制度

课程制度是师生价值取向的自然建构。课程制度的有效性不是要人去适应制度，而是制度要生成人的灵性自觉。为此，学校锐意突破传统的课程制度的藩篱，在课程管理中力求拓展生命体悟、生命成长、生命创造的宽松环境，让师生在愉悦、活跃、和谐的合作互动中去感受教学过程的生命尊严、精神成长和智慧发展，产生一种理性批判和自我反思的灵性自觉，以此增进对课程本质、教学本质、学习本质及其价值观、方法论的深刻认识和透彻理解，在现实的教学实践和创造活动中，既形成积极开放的态度、严谨求实的精神、锐意创新的意识，又形成一种理性而灵动的道德约束力和行为规范能力，使课程制度成为一种融自主与自觉、职责与责任为一体的包孕着师生理性价值观的教育文化。

（三）转变课程功能

课程功能是教育目标的质化形式。课程功能的实质既不是"片面追求升学率"，也不是单纯"减轻学生课业负担"，而是全面打好素质基础，促进学生和谐而富有个性的发展。据此，学校课改实施的着力点是发展智能和涵养品性，培养学生尊重科学、崇尚理性、实事求是、追求效率的智能品质，自尊与自爱、理解与宽容、责任感与成就感、人生观与价值观等品格，使师生既明确课程的形式功能——知道为什么要这样去"教"与"学"；知道怎样去发现、分析和解决问题；知道怎样去获得知识与技能，进行实践与创造，发展求知能力与创新能力，又明确课程的内在功能——知道怎样去交往合作，达成理解，做出价值判断；知道怎样去观察世界、体验生活，产生对现实成长和未来发展的执着追求；知道怎样去恪守原则规范，形成情感态度、理想信念、人生观和价值观等。使课程功能在体现教育目标的同时，也体现人的智慧和精神成长。

课程建设的逻辑起点是育人目标，而育人目标的上位理念是教育理念和办学理念。课程的建设不仅包括课程设置，还涉及课程管理和课程资源更新等内容。因此，课程建设成为学校育人体系建设的一个杠杆，整体撬动了学校育人方式的变革，形成学校的办学特色。

在当前这样一个充满变革的时代，教育要适应社会的快速变化与发展，就要以培养学生的创新精神和实践能力为重点。教育的根本目的，就是要关注学生的全面、终身发展，特别是学习的意愿、能力以及情感态度价值观方面的健全发展，这也是社会发展和进步的长远的根本利益所在。随着对素质教育认识的不断深入，我们认为课程应是学生"生命存在活动的一种预期"，一切课程不可缺少对学生的考量，这需要综合考虑学生发展需要和发展可能。与此同时，课程还应当是学生"有获得性的生命存在活动"，这意味着其应随着学生的需要和发展变化而变化。所以，学校课程改革追求的应该是学校课程体系建设的重构，倘若我们能够认真做、坚持做和创新做，就一定能够走出符合时代要求、学生需求、学校追求的理想之路。

第三节　学术和学术氛围的打造

"学术型"高中，顾名思义就是以学术为导向，以高素质科学研究与技术创新人才培养为主要任务的高中。通常来讲，普通高中只承担传授知识的任务，对创造要求并不多，而"学术型高中"颠覆这一理念，把发展高中生科学创造与实践能力、为学术型研究型人才的培养奠基作为己任。

学校认为，建设"学术型"高中不能把眼光放在高中的"一亩三分"地，而应把高校"学术型"的做法向下辐射，对接高校需求，发展学生综合素质，培育学生学术品质，做到把学术型人才培养的"关口"前移。

为提升学生的学术能力、学术志趣和学术境界，双十中学不断搭建和完善学术门户平台，以"强化学术基本功"为目标，学校、年段、学生"三位一体"联动推进，创造浓厚的学术氛围，让师生最充分地释放自己的潜能，主动地去充实、探寻、创造，进而提升学生的思维、知识、技能等学术基本功以及好奇心、想象力、批判性思维等学术品质，持续助推学校的学术教育内涵发展。

一、学术基地——探路新范式

拔尖创新人才是国家国力提升的核心力量，是解决世界科技竞争领域关键技术难题的关键因素。虽然，拔尖创新人才必然是社会中的极少数，但他们的才智、创新、贡献，可使全社会受益。党的二十大报告提到："我们要坚持教育优先发展、科技自立自强、人才引领驱动，加快建设教育强国、科技强国、人才强国，坚持为党育人、为国育才，全面提高人才自主培养质量，着力造就拔尖创新人才，聚天下英才而用之。"当今世界，多元融合、多元发展，要成就卓越，尤须乘拔尖创新之翼。双十中学于2022年7月，在充分酝酿之后提出创立2022级拔尖创新人才基地班的构想。在党的二十大召开前3个月提出这一构想，可见学校的教育方向和办学方向始终与党和国家保持一致。

为学生的一生奠基，为国家培养各行各业的创新型领军预备人才，学校从基础教育阶段就积极发现、孕育并系统培养拔尖创新人才苗子，寻求改革、解决矛盾，探索培养拔尖创新人才的机制和模式。就高中课程建设而言，双十中学提出"5＋2＋2＋N"的拔尖创新人才基地班的培养方案，即"构建五大书院，立足人文和科学，依托校内外双导师，开设N门高阶课程，培养各行各业的创新型领军预备人才"。自2022级拔尖创新人才基地班组建以来，双十中学积极调动各方资源，将各项举措真正落在实处。

如今，拔尖创新人才基地班已发展到2.0版本——丘成桐少年班，不管是师资配备还是高校支持，抑或是培养机制，都更上一个台阶。丘成桐班以书院制和导师制作为依托进行人才的培养，并在此基础上加强5个"学"。这既继承了我国古代的书院文化传统，又借鉴了牛津大学等世界顶级研究型书院模式。设置五大书院，全方位覆盖各学科领域，五大不同方向的书院将由清北等顶尖高校知名教授和本校名师领衔，既有奥赛，也有课题研究。进入丘成桐班的每位同学将拥有两位导师，一名来自高校，一名来自本校，双导师强势护航未来，每位丘成桐班学生将获得3年一贯制的个性化培养。

（一）学科融合

双十中学依靠学院制培养，再次打通学科界限，实现更多的跨学科融合，通过数学与信息融合加强人工智能学科发展，通过数学与物理融合加强基础学科学习、通过生物与化学融合加强生化高端实验操作，同时还将在五大书院加强人文素养培养，让培养更加立体，更加全面，真正实现"科学人文双翼齐飞，五育五品十面融通"。

（二）学历贯通

依靠导师制加强大中一体化建设，双十中学依托众多双一流大学在学校建立"优秀生源基地"，邀请众多知名大学选派专家学者来校开展讲座，为学校优秀学生提供资源。同时学校近些年招聘了许多知名大学的博士生与硕士生，依托校内导师的学历优势，开设"博士讲坛"，为丘成桐班同学开设大学先修课程，加强学生向上与高等教育衔接。

（三）学习同步

双十中学依托清华大学求真书院专家教授与高中学科教师协同开发课程，推动清华与双十联合教研，打造"双师课堂"。在加强校外导师指导的同时加强与校内导师的联络，学生在学习中更好地找到方向。有校内导师的陪伴以及答疑解惑，学生的学习才更加有效。

（四）学习氛围

双十中学依托教师的学历优势，强化科研导向，课题引领，与大学合作开发科技创新项目。同时加强数学建模课程建设，加强数学应用学习，让学生在学中做，在做中学，保持学生对日常生活的好奇心，激活学生的想象力，提升学生解决实际问题的能力，真正推动学生喜欢学习、热爱学习、渴望学习。

（五）学为所用

双十中学与清华大学等多所高校合作，开展研学活动，引领学生走进各个领域前沿，加强学习与产业的联系。引领学生走进科研院所及企业单位就是为了激发学生的探索兴趣，做好生涯规划，培养未来世界的引领者。

在学术基地的培养下，2022 年 10 月，双十中学董皓旸同学通过2023 年丘成桐数学科学领军人才培养计划的选拔，被保送到清华大学。他已在 2023 年春季入读，进行本硕博八年的贯通学习。"丘成桐数学领军计划"实施 3 年以来,董皓旸是第一位入选的厦门学生。承前启后,继往开来。2024 年 1 月,李子奕同学也入选清华大学丘成桐数学领军计划,成为第二位通过此计划的双十中学学生。

二、学术驿站——突出价值引领

(一)重视协同层递,集聚各方资源

学校聚合各方资源力量,成立了教师发展中心。中心依托专业教育科研机构,聘请专家指导团队,充分发挥学校各级各类名师工作室、工作坊的名师培养作用,工作室(坊)吸纳本校中青年优秀教师,以课题研究为抓手,共同提升学术研究水平。一些紧跟最新科研成果的课题可以帮助教师在整合过往教学经验的基础上,积极探寻学术新潮的内核,做到超前把握教育发展新方向,提高教师队伍的专业性和前瞻性。

通过课题研究,学校也形成了一个个教育教学实验研究群体,如社会主义核心价值观课题研究群体、中华优秀传统文化教育研究群体、STEM 教育教学研究群体、劳动教育研究群体、电影课研究群体等。这些群体在课题研究过程中,形成了各学科、各主题的教师学术发展共同体。

(二)突出思想引领,倡导价值驱动

教师发展中心采用多部门合作,"矩阵式管理"——在日常工作中,中心根据任务需要,挑选相关部门的工作人员,调动各职能部门共同参与,加入具体的教师发展工作项目,协力完成某一项专门任务。基于此,2023 年 12 月,教师发展中心旗下的博士工作站正式成立。博士工作站现有近 3 年引进的 6 位博士,博士们毕业于清华大学、北京大学、复旦大学、中国科学技术大学、南京大学、厦门大学等双一流建设高校,涵盖学科包括数学、物理、化学、生物、地理。

启动博士工作站是贯彻党的二十大报告中关于将教育、科技、人才

3方面统筹工作的精神,是学校建设价值驱动型学术学校的重要里程碑,也是学校开展拔尖创新人才基础培养的重要举措。博士老师可以为中学提供肥沃土壤,培养拔尖创新人才——他们在中学要发掘自身学术资源,提升学校教科研质量;每人要自选一个科研项目,增进学校教科研活动气氛;还要充分发挥专业研究能力,不断创新竞赛苗子的培养方式。借此,学生们能在更小的年纪接触到专业领域的更高水平的人才,博士老师的人生经历、知识视野、学术精神一定会潜移默化地影响学生。

三、学术竞赛——养成最强大脑

双十中学长期开展学科竞赛活动,努力培养具有世界眼光、国家情怀、个性发展、团结协作、实践创新等必备品格和核心能力的学生。比如,2001届毕业生罗佗平,曾是第39届国际化学奥林匹克竞赛金牌获得者,现为北京大学有机化学研究所博士生导师。2011届毕业生郭庆云,是第43届国际化学奥林匹克竞赛金牌获得者,后于北京大学攻读博士。2008届毕业生谢松晏因获全国数学奥赛银牌被保送至清华大学,其研究成果解决了代数几何著名难题Debarre猜测,相关论文发表在世界顶级期刊上,现于中国科学院数学所就职,被评为"陈景润未来之星"。

(一)五大学科竞赛

五大学科竞赛被称为各校奥赛"学神"间的巅峰对决。参加竞赛的学生在高中阶段就要读完许多大学本科阶段甚至是硕士阶段才读的专业书籍,因此对于他们来说,必须具备高效学习、自主学习的能力,"会学习"无疑是非常重要的。

一直以来,学校在五大传统学科竞赛中都取得了较为优异的成绩,尤其是数学和化学,在全省乃至全国都有一定的影响力。这与两方面的因素密不可分:一是学校拥有众多厦门市专家型教师、学科带头人、金牌教练等名师,实行3年轮转制度;二是学校与其他竞赛强省的竞赛强校结成联盟,最大化利用竞赛教学资源。值得一提的是,学校的学科竞赛指导团队卧虎藏龙。这些高手有一个共同的目标:在教书育人分工合作中助力学生到达成功彼岸。比如在数学组,张瑞炳和邓世兵两位教师是搭档。张瑞炳有着多年竞赛指导经验,是正高级教师、福建省特级教师、厦门市专家型教师,至今已培养 6 名在全国数学奥赛获奖的学生。他善于激活学生合作学习的动力,在系统把握知识之余,注重各学科互相渗透,引导学生文理兼修,经常把古诗词、哲学、历史等学科知识融入数学课堂中,让学生爱上数学。青年教师邓世兵常在办公桌上放一沓厚厚的白纸,有空便自己找题操练。这种刻苦钻研的精神,也为学生树立了榜样。在化学组,金牌教练阙锦南和青年教师陈永安搭档。两人除了指导学生参加竞赛,也鼓励他们多培养一些兴趣爱好,多学习不同学科的知识。跨学科融合发展是未来的发展趋势,具备综合素养才能走得远。这样的学术理念与氛围,也影响着学生。

双十中学是厦门市唯一一所连续 3 年均有人入选国家集训队的学校。近 5 年来,学校在五大学科奥赛的全国决赛中,共获了 7 金 14 银 7 铜的好成绩,其中 6 人进入国家集训队。同时学校连续两年均有学生入围清华大学丘成桐数学领军计划,保送至清华大学求真书院。此外,近 5 年共有 27 人次获得国家级奖项,169 人次获得省级奖项。

(二)科技创新大赛

厚植青少年创新人才成长沃土,让科技新苗脱颖而出,是建设学术型高中的题中之义。青少年科技创新大赛作为展示学生和指导教师创新能力的重要平台,是学校拔尖创新人才基础培养的重要路径之一,也是检验学校学术型建设成果的重要途径之一。大赛包括竞赛活动和展示活动两个系列。竞赛活动包括青少年科技创新成果竞赛、科技辅导员科技创新成果竞赛;展示活动包括青少年优秀科技实践活动比赛、少年儿童科学幻想画比赛、青少年科幻文字作品比赛等。科技创新大赛作品是学生基于真实世界,基于社会生活的实际需求,通过探索、创新、合作而进行创作设计实践。

学校通过学生科技社团、研究性学习、综合实践活动、拔尖创新专家讲座等多形式、多角度的宣传演讲，增强学生的研究兴趣和探究意识，提升科技创新研究能力，积极推动学生参赛备赛。具体表现：模拟答辩，邀请多位相关领域的专家学者到现场指导，充分营造比赛现场的真实感与仪式感，提升学生的自信心；公开展示，参赛选手在各自作品展位上向前来观摩的人员展示并介绍自己的科学研究实践成果，就作品进行讨论，与优秀同仁交流时收获了进步。

多年来，学校坚持在青少年科技创新后备人才培养中，传承弘扬科学家精神和情怀，让青少年科技教育事业薪火相传、创新发展，为加快建设科技强国夯实人才基础。同时积极推动学生参加科技创新大赛，并取得了丰硕的成果。2021年以来，学校在全省青少年科技创新大赛中共有17个项目获得省奖，其中省一等奖项目12项，推向全国比赛的项目共7项，7项均获得贤銮科学教育基金专项奖。另有39位学生获省级奖励，近200位学生获市级奖励。在2023年8月举行的第37届全国青少年科技创新大赛中，学校2个项目晋级全国总决赛。曾子瑜同学的"智能读表系统"荣获突尼斯国际科技节竞赛资格专项奖银奖、青少年科技创新成果作品二等奖、湖北兴发化工青少年科技创新奖；方兴同学荣获国际科学与工程大奖赛特等奖。学校荣获"福建省科技教育示范校""卢嘉锡科技教育奖""福建省青少年科技教育工作先进集体""福建省青少年科技教育基地校""中国少年科学院科普教育示范基地""青年科技创新竞赛优秀组织奖"等多项荣誉，承办厦门市第37届青少年科技创新大赛等多项科技赛事，积累了丰富的科技活动和科普教育经验。这充分展示了双十学子在科学探究和创新实践中取得的进步和收获，彰显了双十青年以卓越的创新精神和实践能力，投身建设世界科技强国的远大志向。

四、学术社团——百团思想争鸣

双十中学重视学生的综合素质发展以及自身特长培育，重视校园社团文化建设。学校既有提供展示舞台的综合性社团,也有具备专业知识、学术性较强的专业性社团。学校的社团活动也丰富多彩,包括模拟联合国大会、辩论峰会、"夏日庆典"漫展、天文户外观测等 60 多项。2020 年,话剧社成员参加厦门市中学生话剧节,获得二等奖。2021 年,话剧社成员、摄影协会成员组队参加福建省第五届微拍大赛,分别获得银奖和摄影写作组三等奖。

(一)双十中学社团概览

学校目前有 54 个社团,共同构成社团联合会,由团委学生会社团部进行管理和监督。既有提供展示舞台的综合性社团,包括知默音乐社、爱乐乐器社、蓦然话剧社、DancePower 街舞社、VIN 吉他社、Upc Rap 社和 Move-ti 微电影社等,也有具备专业知识、关注前沿动态的专业性学术社团,包括梦辰天文社、梦飞文学社、幸福安心动漫社、魔方社、单车社、天煜军事社和三脉瑜伽社等。学校社团囊括了文学、艺术、传媒、体育、外交、科技等多个领域。

学校鼎力支持社团的各项活动,在各个重大活动中都有双十社团活跃的身影。相关活动有百团大战·社团纳新、万人献爱心义卖活动、四节同庆中秋晚会、元宵晚会、集体舞大赛、形象礼仪大赛等。

双十中学在社团建设上,参考高校社团的管理模式。社团创办机制灵活,且大部分社团都有专业的指导老师。例如,青灯新闻社由校刊负责老师指导,微电影社、单车社等外聘专业老师指导等。天文社为全厦门市最大的天文社团,设施专业,配套齐全,拥有多台天文望远镜、专用天文台、储物室,球幕电影放映室,并配有 3 位指导老师。

(二)案例一——双十中学"模拟联合国"社团

模拟联合国(Model United Nations,MUN),是模仿联合国及相关的国际机构,依据其运作方式和议事规则,围绕国际热点召开会议,最终以世界视角决策全球未来的知名青年组织。该活动能让学生"学以致用",并激发学生的探索精神、创新能力和家国情怀,被誉为培养未来精英领袖和践行素质教育的绝佳平台。

双十中学的模拟联合国英文庭活动始于 2008 年，并编写了全省第一本模联校本教材《中学生模拟联合国》。16 年来，双十模联共举办 9 次全国性的模联会议，参加各级各类全国中学生模联大会近百次，主办方包括但不限于团中央、北京大学、外交学院、牛津大学、哈佛大学。在历次活动中，双十中学均有学生代表获奖。除此之外，每年寒假，学校英文模联的学生还会远赴美国芝加哥大学、耶鲁大学、哈佛大学等地参加世界中学生模拟联合国大会，共获得 4 次国际奖项。2017 年，联合国纽约总部也开始举办面向全世界学生的模拟联合国大会，从该年起，学校代表一直都在中国代表团的受邀之列。多年来，模联培养了数以千计的优秀精英学生，毕业的模联学生成员遍布在哈佛大学、耶鲁大学、帝国理工大学、美国西北大学、美国加州大学、新加坡南洋理工大学、香港大学、清华大学、北京大学等世界名校。一届届学生都在模联探索着人与规则的关系，与环境的关系。他们认认真真地把自己塞进一个国家外交官的身份里，去谈判、交涉，捍卫国家利益，见识各种各样的人，聆听各种各样的声音，向外捕捉一个更为鲜活的世界，向内挖掘一颗更为真实的心灵，最后蜕变成更好的自己。可以说，模联不仅提供了一个锻炼表达能力、英文口语、英语书写的契机，更让学生在每一次头脑风暴中实现个人学术版图的扩张。

（三）案例二——双十中学部分学术社团宣言

1.梦辰天文社

在微小的天文台里，演算天体的距离；在星空的望远镜里，攫取恒星的秘密；在遥远的未知星系里，丈量宇宙的深度。与梦辰携手，立足于炽热的蓝色星球上聆听星辰的密语，"效法羲和驭天马，志在长空牧群星"。

2.心理协会

双十心理协会是以学生为主体的，学习与心理学有关的知识，探索心理健康等问题的学生社团。欢迎无论是将来想要从事心理学领域工作的同学,还是只是对心理学感兴趣的同学积极加入。让我们在心理协会一起学习,一起探索,一起成长。

3.摹略辩论社

思考与演说应成为永恒的力量。欢迎加入摹略中文辩论社,一同探究万花筒下的世界。

4.凯风历史社

一个以研究历史为主要内容,半学术性、零门槛、兴趣类社团,旨在汇集天下历史爱好者,济济一堂,共论历史风云变幻,一谈一笑,一问一答,畅叙胸怀,以究天人之际,通古今之变。

5.美式辩论社

语言与思想的交锋,智慧与灵感的碰撞,让我们一起寻找对与错之外的第三种可能,用国际化的思维解码世界,在美式辩论的赛场上发现全新的自己。

第五章
会呼吸、能思考的学术课程

随着知识经济时代的到来,国际竞争日益激烈,而大国博弈的核心要素是人才竞争。因此,在中国特色社会主义进入新时代、国家加快"双一流"建设的背景下,如何"扎根中国大地办教育",如何"发展具有中国特色、世界水平的现代教育",如何"培育拔尖创新人才",成为我国教育当下及未来的努力方向。

作为促进学生道德品质、理想信念和创新素养培育和发展的关键时期,基础教育阶段在人才培养方面发挥奠基作用。当前,随着课程改革的进一步深化,学校课程建设面临新的挑战,构建并完善现代化的学校课程体系成为教育发展的时代需要。

在这样的变革背景下,双十中学始终与时代同向同行。学校围绕立德树人的根本任务,以深化课程建设为主要着力点,在推进新课程建设、教学改革方面持续发力,打造会呼吸、能思考的学术课程,走内涵式发展道路。实践层面,一是在先进教育教学理论的指导下,运用科学的课程、教材和合理的途径、方法,力求提升学校的办学质量,强化优质教学,提升学校的"软实力";二是将教学工作、德育工作、教师素质提升工作等作为学校改革与发展的关注重点,在事关学校发展的每项工作上都力求精雕细琢;三是关注特色发展,将办学特色放在学校改革与发展的突出地位,逐步形成"科学人文双翼齐飞,五育五品十面融通"的办学特色,形成学校的特色教学、特色教研、特色管理,最终培育出成熟的、独特的学校文化精神。

本章以学校课程体系建设的探索实践为样本,全面梳理、总结和分析近年来学校课程体系建设的双十经验和双十方案。

第一节 课程体系的建设理念与基础

　　课程是学校教育的核心，是以培养目标为依据，以科目和教学活动为表现形态而进行的规划、实施和习得的过程及结果。国家的课程建设依据国家的教育方针，促进学生核心素养的形成和发展。学校的课程建设，在实现国家培养目标的同时还要体现学校特色的办学理念，对教学科目与活动进行进一步构建，实现国家课程的校本化。

　　课程体系的建设过程，就是一个围绕培养目标的建构过程，其最终目的在于促进学生的发展。学校课程体系的开发，体现的是学校核心价值观的诉求，是一个以学校为决策主体的课程价值实践与实现的过程。

一、课程变革：教育现代化视角下的课程体系建设

　　当前，伴随着社会现代化进程的加快，世界各国都在进行现代化导向的课程改革。21 世纪初，美国国会通过的《国家竞争力法》中强调对 STEAM 课程计划的贯彻落实，决心提升科学教育和数学教育在世界排名中的位置。[1] 英国依靠其厚重的经济、文化积淀，成为教育现代化的先行者，其"课程 2000"课程改革计划使得课程变革更为有效地适应现代化社会发展要求。[2] 而法国在课程结构改革方面也呈现出鲜明的时代特色，更加重视外语、信息技术等的学习及学生的个性化辅导。[3]《中

---

[1]　魏晓东,于冰,于海波.美国 STEAM 教育的框架、特点及启示[J].华东师范大学学报(教育科学版),2017(4):40-46,134,135.

[2]　王凯.英国"课程 2000"的制定与实施[J].外国教育研究,2002(9):36-40.

[3]　平芳.法国中小学课程结构改革的时代特点及启示[J].课程教学研究,2017(12):28-32.

国教育现代化 2035》中提出了推进教育现代化的八大基本理念，强调更加注重以德为先、注重全面发展、注重面向人人、注重终身学习、注重因材施教、注重知行合一、注重融合发展和注重共建共享。总之，社会发展已进入信息化时代，教育需要培养适应现代社会发展的高素质人才。

因此，当前的课程体系建设，必须与信息时代和知识经济社会的现实境况相适应，构建国际化、信息化、统整化、综合性的现代学校课程体系，打造集学校文化内涵与形式结构为一体的学校文化场域，完善拔尖创新人才的知识技能培养系统，促进学生的全面发展，帮助个体更好地与时代、与社会接轨。

二、会呼吸、能思考：课程体系建设的双十理念

任何教育只有在其发生的过程中才能够承载其价值，发生与否，这是关键。而就一所学校而言，课程与教学构成学校教育目的与教育行为相统一的基本内涵。因此，一所学校当前的发展，既与承载其价值与目标的课程一致，又与体现其行为与实践的教学一致。课程与教学发生了吗？这既是对学校教育行为的诘问，也是对学校教育价值的深思。在课程与教学现场，发生着的才是真正的教育。

由此，培养什么人以及怎样培养人，这是明确双十中学办学理念、凸显办学特色时要解决的两大关键问题。在当前这样一个充满变革的时代，教育要适应社会的快速变化与发展，就要以培养学生的创新精神和实践能力为重点。教育的根本目的，就是要关注学生的全面、终身发展，特别是学习的意愿、能力以及情感态度价值观方面的健全发展，长远来看这也是社会发展和进步的根本利益所在。随着对素质教育认识的不断深入，学校认为课程应是学生"生命存在活动的一种预期"，一切课程不可缺少对学生的考量，需要综合考虑学生的发展需要和发展可能。与此同时，课程还应当是学生"有获得性的生命存在活动"，这意味着学生的需要和发展，一定需要某种具体有效的实施与评价方式。

进入知识社会、全球化生存的新时代，我们需要不断生长的学校课

程。课程正如一棵树,调整、优化、重构,它是生长着的。课程之树的主干高度,决定了学校教育的高度;课程之树的树冠覆盖面积,决定了学校教育的宽度;课程之根联结着社会发展需要,链接着无尽的课程资源,而资源的丰厚程度,影响着课程所能达到的高度和广度;课程之树所能支撑起的空间,则决定了学校教育的空间。这棵树的不断生长,学校的教育空间就不断地拓展,直至长成森林。

具体来说,学生是一个丰富多彩的生命个体,他们的内在需要是生活化的,他们的兴趣取向是多样化的,他们的个性特征是差异化的。因此,学校教育最重要的是创造一种适宜个体生命成长与发展的绿色生态环境。学校着力于打造一种可持续、可延展的课程生态,能够让每一个生命在这片绿色的生态环境中呈现出自己的精彩,让每一个学生在学校所设置的课程以及他们自己创造的课程中自主选择,实现自我的、充分的、个性的发展。而只有追求可持续的、可延展的课程生态,才能真正赋予课程以生命力,才能满足学生个性化的发展需求。

对此,双十中学构建整化的"逐梦·追善"课程体系,高举"爱国为民"的旗帜,倡导"科研兴校"的办学传统,培育多元开放、人文创新的课程文化。学校致力于引导学生胸怀"国之大者",深入学习贯彻党的二十大精神,不断深化红色根脉强基行动,打造有特色、有温度的大思政课品牌课程,引导师生在扎根大地中增强"把服务国家作为最高追求"的意识,培养奉献家国、服务人民的真挚情怀。与此同时,尊重学生的个性差异,帮助其发展智能优势。在当代和未来的社会生活中,竞争空前激烈,发展不断加速,环境多向变换,学校致力于激发学生的探究兴趣,帮助其获得科学方法。探究是以学生的自主性学习为基础,从学校、社会生活、学习内容中选择和确定探索、研究专题,在自主基础上,实现学生的深层次发展。探究式教学开发学生的智力,发展学生的创造性思维,培养学生的自学能力,力图通过自我探究引导学生学会学习和掌握科学方法,为学生终身学习和工作奠定基础。

观念决定方向,眼界改变世界。好学校往往取决于正确的办学理念,优秀的学校是经得起历史检验的。在风云变幻的年代里,双十中学始终坚持己任，不急功近利、不沽名钓誉、不追风弄潮，始终坚持育人、启智、冶情，求真务实，踏踏实实提高教育教学质量，创新举措，扎实推进学校内涵发展。这是学校的终极使命，也是学校应该保持的本色。

第二节　走向统整："逐梦·追善"学术课程体系

学校课程建设是一个动态适应、不断优化的过程，是课程目标、课程设计、课程内容、课程实施、课程评价、课程效果等环节呈现的综合结果。课程建设的价值和意义指向满足学生全面发展和个性发展的需求。长期以来，基础教育对于课堂教学质量的追求矢志不渝，课堂教学一直处于学校教育的中心阵地，呈现出越来越高的规范化、效率化、精致化的特征。然而，现有的分科课堂教学模式始终难以突破其本身的局限性，无法充分实现学生全面而有个性的发展。因此，新时期学校教育的发展要立足于整体育人的高度，要由探索高效率的课堂转向构建高质量的、统整性强的课程体系发展。

一、走向统整：课程改革发展的必然趋势

在实践层面，学校课程整合将是新时期课程深层次改革与内涵式发展的必然趋势。[1] 钟启泉在《现代课程论》中指出，现代课程发展的方向是统整与开放，课程的国际化、信息化、综合化显著。[2] 毫无疑问，唯有整体意义上的课程，既能够为所有学生提供高质量的共同教育的支持，

---

[1]　黄威.学校层面课程整合实施的困境及其突破——以长沙市小学为例[D].长沙：湖南师范大学，2020.

[2]　钟启泉.现代课程论[M].上海：上海教育出版社，2006：28-42.

又能够为不同的学生提供个性发展所需要的不同的教育支持。① 课程
整合正是一种能在顶层设计层面挖掘课程结构潜力、优化课程体系，从
而给学生提供适切教育的有效实践和重要方式。

另外，核心素养培育的目标也呼唤着学校课程体系的统整性建设与
纵深发展。当前，学生发展核心素养无可争议地成为我国基础教育领域
的一大热词，培育学生发展核心素养成为我国新一轮基础教育课程改革
在现阶段的基本精神与价值追求。在以核心素养为标志的深化基础教
育课程改革的背景下，传统分科的课程架构难以支撑核心素养的有效转
化。打破传统学科边界，促进学科沟通融合，通过课程统整的方式落实
核心素养，是推动课程持续变革的有效手段。②

二、背景调研：学术课程体系建构的现实基础

在多年的办学改革探索过程中，双十中学愈发深刻地认识到，在高
中学校特色发展和育人模式创新中，课程是最基本的突破口。在学校发
展过程中，从培育特色课程出发，逐步建立起具有特色的课程体系，进而
形成课程文化，彰显学校特色，成为众多学校发展的普遍选择。

由此，学校就以下几个维度开展了充分的背景分析：

一是学校课程历史。有位校长曾经说过，一所学校没有历史不可
怕，可怕的是只有历史而没有文化。而学校文化在很大程度上取决于这
所学校的课程历史。在梳理学校课程历史时，抓住这样一个关键节点：
学校发展经历怎样的历史阶段，这几个历史阶段的课程设置应该是我们
重点研究与值得借鉴的。

二是学校生源分析。学校课程体系建设的逻辑起点是育人目标。
只有认真研究学生现状，我们才可能创造出符合学生成长与发展需求的

---

① 石鸥，张文.立足课堂，超越课堂，向课程要质量[J].教育科学研究，
2017(12)：30-37.

② 蔡清田.国民核心素养之课程统整设计[J].上海教育科研，2016(2)：5-9.

课程体系。生源分析通常包括教育背景、居住环境、生活方式,人生规划、爱好特长、发展倾向,认知特点、学习风格、学习习惯,人际交往、责任担当、意志品质,情绪管理、时间管理、非认知发展等。

三是教师状况分析。好的课程是三分设计七分实施,离开教师再好的课程都无济于事。所以,在课程体系建设过程中,要特别注意教师状况的分析。我国传统的教师培养和教师培训主要注重教学素养和学科知识素养的培养。在新课程背景下,教师不仅要有较强的教学素养和学科知识素养,还要有良好的课程素养。只有关注到了教师的发展需求,才可能对教师进行精准式的培训和培养。

四是区域位置分析。一所学校所处的区域位置,在一定程度上决定这所学校所拥有课程资源的多少。如果以学校为圆心,我们以 1 公里、2 公里和 3 公里为半径,就可以刻画出学校的课程资源圈,这为学校课程资源建设提供了一个值得借鉴的思路。同时,可以在社区中寻找教学资源,学校与社区之间的互动,也是学生社会性培养的发展方向。

五是社会期待分析。社会期待包含两种,一是家长对这所学校的期待;二是社会对这所学校的期待。一所学校的品牌价值和效应,更是决定于此。所以,金杯银杯不如老百姓的口碑,金奖银奖不如老百姓的夸奖。衡量一所学校的价值,往往取决于这所学校的毕业生在社会的适应性与贡献度。

六是办学愿景分析。办学愿景是学校的办学使命与价值追求。这样一种使命感和尊严感驱动着每一所学校,通过理想的教育来实现教育的理想。办学愿景,使参与学校教育活动的每一个人,都胸怀理想、激情澎湃,都恪尽职守、执着追求,都卓越成长、共同发展。

经过前期的调研分析,我们逐步明确了双十中学在课程体系建设方面的现实基础:

一是需要在升学压力下引导学生学会学习。在线下调研中发现,无论是家长的期许、教师的压力还是学生的目标,都绕不开高考与升学。升学是基础教育阶段不得不面对的现实问题,当然,直面升学压力也并不代表着被升学问题束缚脚步。学校教育应当理性对待升学压力,追求基础知识教学的高质量与高标准,发展学生的基本能力与素养,为学生的未来发展奠基。因此,学校课程体系建设需要解决的问题是寻找基础知识与课业负担之间的平衡点,寻找更加高效的知识组织与呈现方式,让学生学会学习,将学习压力转化为成长的动力。由此,学生不仅能较为轻松地应对升学与考试的压力,更能具备一定的素养以迎接未来生活的挑战,保持终身学习的热情与习惯。

二是在创新型人才要求下引导学生自主探究。当前,培育创新型人才已成为世界教育的共识性追求,这不仅是教育理念,更是实践课题。学校教育承担着培养创新型人才的重要职责,需要激发学生的创新性潜力。落实到实践中,学校课程需要培养学生的独创性和发散性思维,激发学生的创造性热情。因此,学术型课程体系建设应当注重学生的自主探究能力的培养,引导学生主动学习,科技与人文并重、校园与社会融合,培养学生主动实践与创新精神。[①]

三是在资源整合条件下实现课程内容的深度延展。在信息共享的时代,教师和学生都能够较为轻易地通过各种渠道获得课程资源,技术媒介的迅猛发展决定了学校课程不能仅仅局限于通过教材实现信息的传递与知识的传授。因此,对各种资源的有机整合与利用成为学校课程体系建设的要点之一。学术型课程体系建设应当注重为师生创造资源整合的条件,创设有利于学生进行深度学习的任务,利用新型学习关系引导学生沉浸于深度学习的过程,进而发现和掌握有效知识,创造并运用新知识于现实世界。

四是在校园特色文化氛围中让学生享受学习的乐趣。作为一所历经沧桑、风雨百年的名校,双十中学拥有独特的文化内蕴。以本土文化为资源,用具有校园特色的文化内涵充盈学校课程,建构富有校园文化特色的校本课程体系,是完善现代化课程体系建设的重要工作之一。独特的双十校园文化能够勾起双十学子的认同感与自豪感,培养学生对校

---

① 任飏,陈安,张晨阳.基础教育阶段创新型人才培养路径探析——以北京四中为例[J].中国教育学刊,2018(4):98-101.

园的本土情怀和归属感。因此，建设特色化的校园文化，实现国家课程的校本化实施，以特色化的校本课程为补充，能够让学生置身于熟悉的学习情境之中，享受学习的乐趣。

三、逐梦·追善：学术课程体系建构的双十方案

基于以上认识，双十中学高度重视课程建设，面对教育改革新浪潮，学校坚持"科学人文双翼齐飞，五育五品十面融通"的办学特色，致力于建设价值驱动型学术学校，为各行各业培养拔尖创新型领军预备人才。与此同时，学校将此办学特色和办学目标融入课程建设中，努力构建高标准、多层次、学术性、国际化、有特色的"逐梦·追善"课程体系。

（一）统整性课程目标

课程目标是课程体系的出发点与落脚点，需要从宏观价值追求、学科特色定位以及课堂教学意义等不同层面，对课程目标进行层层规定，为课程体系的落实提供指导。[①] 立足于新时代，课程目标的宏观价值追求应当重视人本性，基础教育需要培养具有现代精神的现代人，即具有科学理性精神、民主法治思想、开放创新精神的人。[②] 立足于双十中学学术高中建设的实际需要，我们致力于通过课程体系建设，挖掘学生的学术潜能，提高学生的学术素养。学校紧紧围绕"科学人文双翼齐飞，五育五品十面融通"的办学特色，力求推动育人方式变革。

"逐梦·追善"课程体系，是在课程思政的引领下，以科学和人文双线为支撑，从价值、认知、实践 3 个维度，持续完善标准规范的基础课程、百花齐放的素养课程、涵蓄丰富的学术课程、高瞻远瞩的未来课程，进而促进学生生命健康成长，推进拔尖创新人才的基础培养。

[①] 温双.教育现代化视角下的学校课程体系建设研究——以 X 省 Y 市两所学校为例[D].西安：陕西师范大学,2019.

[②] 褚宏启.中国基础教育现代化的六个关键问题[J].中小学管理,2018(10)：27-30.

如何理解"逐梦·追善"呢？"追善"是双十校园精神"追求极善"的缩写,亦可视为双十中学百年历史价值体系的关键词。关键词中暗含的"极善",既与培养拔尖创新人才相呼应,同时也与学校党委的党建品牌"双十追善"相呼应,最终形成双十的"追善"系列教育品牌的闭环。"逐梦"与"追善",这两个动宾短语的相互呼应,意在双十为学生筑梦、逐梦、圆梦,我们希冀这里的"梦"既是学生个人的中学梦、大学梦,也是双十中学的中国梦、世界梦。

(二)图谱化课程结构

在事物变化的过程中,结构的影响是关键性的。课程结构,简而言之,就是一种组合方式,是不同类别课程的一种有机组合。课程结构的设置是学校课程建设的重点,理顺课程横向和纵向之间的问题,是学校课程体系建设过程中需要审慎思考的问题。

(1)横向陈设,合理区别课程。20世纪50年代,布鲁姆的教学目标分类理论将知识分为事实性知识、概念性知识、程序性知识、元认知知识等几个维度。知识的广阔性与发展性决定了学校课程的局限性,学校课程仅能展示知识海洋的冰山一角,因此在学校课程的规划与设计中,应当尽可能地让不同类型的知识进入学生视野,让学生接触不同的知识门类,让他们在知识广博的基础上探索发现。课程分类的原则,应让学生分门别类地把握完整知识,发展健全的能力。

(2)纵向统筹,阶梯衔接课程。学校课程设置需要保持学科知识的逻辑顺序,考虑知识的编排由简至繁,由具象到抽象,由基础到扩展。与此同时,需要攻破不同阶段课程之间的壁垒,实现中小学之间知识体系的联通,实现课程知识成为个体认知结构的一部分。现代化的社会要求个体进行终身学习,中小学阶段的课程需要为个体的终身教育打下坚实的基础,形成稳固的知识体系。课程结构的阶梯分层需要考虑学科知识结构的渐进性,也需要考虑个体身心发展规律的影响,进而形成有效的、外显的学习进阶序列。

将双十中学的"逐梦·追善"课程体系用图示模型来呈现,这是一个三维立体的象限图构成的综合多维立体的课程建构体系(图 5-1)。首先,该课程模型结合了数学、哲学、思政等自然科学、社会科学的知识,有一定的科学性。其次,该课程模型从学校教学实际出发,充分体现学校的课程建设实际与开发方向,极具实操性。再次,三维象限图呈现出无限的增长与趋向性,说明课程的开发与建设是不断前行的、不断修正的、无限延展的,有增长性和适应性。最后,课程模型的建立,对于学校示范辐射,引领帮扶其他学校起到了可复制、可推广的作用,体现了课程模型的示范性。

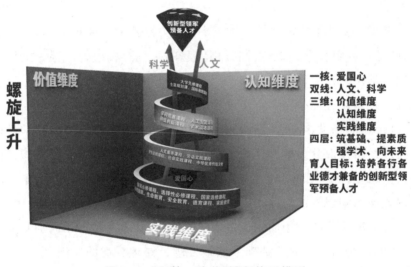

图 5-1 "逐梦·追善"课程体系模型

(三)整合化课程内容

现代化的课程内容应当是对知识内容的有机整合,包括国际前沿与本土传统、理论知识与实践技能、外延拓展与核心聚焦等的整合,通过对各类庞杂内容的有机整合,有序呈现课程内容,提高现代化课程的质量与价值。

在"逐梦·追善"课程体系的三维立体模型中,价值维度、认知维度和实践维度 3 个维度无限延伸,形成课程体系的 3 个面向。在这个三维空间里,构筑成一个四层"课程建筑",这个"建筑"由一颗"爱国心"凝结,所有的课程都集聚在这个核心之中,同时这个核心的思想也融通、贯彻所有的课程。四层的"课程建筑"由科学和人文两大总线来支撑,说明所有课程的建构逻辑,同时"四层"又呈现立体螺旋上升的状态,每一位学生在双十初高中 6 年的中学生涯中,都将走入每一层学习、实践、体会、感悟。

一核:爱国心,回答了教育培养什么人的问题

立德树人,就是要培养有爱国心的拔尖创新人才,不做精致的利己主义者。从双十百年校史角度看,这是呼应学校高举"爱国""为民"旗帜的教育理想;从课程体系角度出发,"爱国心"就是指将课程思政置于课程体系的最高位,成为引领课程体系的价值观。"课程思政"在"筑基础"层面,有思想政治课、班团课、社会主义核心价值观融入学科教学;在"提素质"层面,有党史教育课程,学生业余党校、团校;在"强学术"方面,有研究性学习(思政论文写作)、时政教育课程等;在"向未来"层面,有"双十政青春""模拟联合国"等课程。

双线和三维:回应了教育怎样培养人的问题

双线:人文、科学。新一轮的课程改革有着很强的人文目的意义,怎样培养人、培养什么人,这些问题的背后就是人文精神的塑造、育人品格的培养。科学精神是伴随近代科学的诞生,在继承人类先前思想遗产的基础上,逐渐发展起来的科学理念和科学传统的积淀,是科学文化深层结构(行为观念层次)中蕴涵的价值和规范的综合。这两条线贯穿整个课程体系,形成学校课程体系构建和实施的总脉络。

三维:价值维度、认知维度、实践维度。这是从立体思维的角度分析和构建学校课程体系。三维的向度,为我们指明了课程体系构建的 3 个面向或者 3 条路径。价值维度对应学校办学特色的"价值驱动型",强调立德树人在学校教育的核心、统领地位;认知维度和实践维度则是从哲学中知行合一的角度出发,学校课程体系的开发与建设应该既要有学科知识、学科能力的培育,也要注重学生在实践中提升认知水平、在实践中检验习得知识,这就对应了学校学术高中的发展方向。

四层：回应了教育用什么培养人的问题

课程不是随意的而是严肃的，课程不是生成的而是预设的，课程不是一个方案而是一个体系，课程的品质不在于数量而在于质量。所以，课程的研发就显得相当重要。卓越的学校，如同一流的企业一样，都非常重视产品的研发，师生满意度直接取决于学校提供的产品即课程品质的高低。

衡量一所学校课程建设的优劣可以从以下 3 个维度来加以评估：一是丰富性。丰富性是选择性的基础和前提，可以这样说，没有丰富性就没有选择性。二是层次性。如果说丰富性是指横向上课程照顾到各个领域，那么层次性则是指纵向上学习能级逐渐提升的分层课程。在满足国家课程标准的同时，还照顾到学有余力的学生尽可能学多一点、学深一点、学快一点。三是综合性。综合性是指目标、内容、方式和评价的深度融合，特别要注重学生学习经验的积累。学习经验通常有间接经验和直接经验。间接经验主要在课堂学习中完成，直接经验则是在课外活动中形成。这里还要强调的是学术化经验和社会化经验。

我们所研发的课程可以归纳为 4 层：筑基础、提素养、强学术、向未来。

"筑基础"是指课程体系中的基础内容，与国家课程体系完全融通，是国家、省市教育行政主管部门要求开设的必修课程，包括国家必修课程、选择性必修课程、国家选修课程、心理健康、生命教育、安全教育、德育课程、家庭教育等。

"提素质"是指课程体系中展现学生核心素养、提升学生思维品质、丰富学生多维认知的重要内容，是五育并举在课程中全面落实与提升的关键环节，包含人文素养课程、劳动实践课程、学生社团课程、社会实践课程等。

"强学术"是指在"筑基础""提素质"之上，各方面拔尖创新学生根据自己的特长与兴趣，参与的带有学术性特征的学习实践活动与课程，它与学校"学术学校"的办学特色相呼应，并体现学校学生在更高层次的多样化拔尖发展。

　　"向未来"是指学生在未来规划、未来能力发展、大中小课程衔接（大学先修课程、初高中衔接课程、初小衔接课程）等方面的学习活动与课程。它表明学校的拔尖创新人才基础培养与高一层的学段认知紧密相关，与学生的未来发展紧密相关，与学生核心素养的国际表达和全球胜任力相关。

　　以上是整个课程体系的主要内容，根据课程内容、达成能力、形成素养、形塑品质，呈现螺旋式上升的关系。这种螺旋式的课程组织方式来源于美国认知心理学家布鲁纳所提出的认知发展阶段理论，并结合美国数学家塔巴设计的著名的"概念的螺旋发展形式"，最终形成了双十"逐梦·追善"课程体系的模型基础。

第三节　课程的实施与评价

　　2017 年，全国教育工作会议工作报告曾指出，"真正的教育公平不排斥卓越"。在科技"卡脖子"阻碍国家发展的背景下，培养精英型人才被提到重要位置。结合毕业生的成才路径来看，双十中学有能力为国家培养一批在科技领域、稀缺领域的"特种兵"，因此确立了打造"学术型"高中的奋斗目标。

　　课程实施是一个复杂的互动过程，是师生在具体情境中共创共生的活动过程。[①] 为提升学生的学术能力、学术志趣和学术境界，在开放的大课程观的引领下，双十中学以"立德树人"为根本，利用"学术通识课程"的建设搭建门户，通过学校、年段和学生之间的"三位一体"联动推进机制，有效地强化学术基本功，提升学生的思维、知识、技能等学术基本功

---

　　① 曹俊军,王华女.我国基础教育课程质量监控机制研究[M].武汉:华中科技大学出版社,2017:116.

以及好奇心、想象力、批判性思维等学术品质。这将有助于学校学术教育的内涵式发展，培养出更多具有创新精神和实践能力的高素质人才。

一、常态课堂：以匠心铸精品的对话式教学

课堂作为课程实施的主要场域，这是自古以来不曾改变的教育教学形式，现代化的课程实施也不例外。现代化的课堂教学更多是一种生成式的教学，师生不能拘泥于教材，必要时需对其进行一定的批判与改造，学生根据自身实际情况与课程目标进行课程内容的动态生成与延展。因此，在现代化的课堂教学过程中，教师主要扮演引导者与答疑者的角色。引导者是指教师在课堂教学过程中放弃知识传授者的权威身份，对学生进行有效的启发与引导。教师不仅需要具备教学知识、学科知识、学生知识和学习情境知识，还需要对所要实施的课程具有明确的目标意识，清晰把握要如何教，教到什么程度，学生如何学，学到什么程度，特别是现代化的课程体系之下，教师要对此进行更加谨慎的审视与反思。

在双十中学，课堂从来不是一成不变的输出。把课程和课堂打造成精品，是双十教师们一直在做的事情。我们对"课程"的理解，存在一个逐步发展的过程。从最初的"课程即教材""课程即文本"的认识，逐步转变为"课程即体验"，并从为学生的终身发展奠基、"立德树人"的教育根本任务出发，完善课程体系。为了促进学生全面个性化发展，培养学生领军素质，学校对国家课程、地方课程、学校课程进行了优化整合，突出学科课程、活动课程的建设。学科课程的实施场所，主要在课堂。只有学生有效参与课堂教学，获取知识、发展能力，才能取得理想的学习效果。那么，如何才能不断地提高学校的教学质量？

对此，双十中学的回答是：推进教学模式创新、课程创新、科研创新，建立科学的教学常规管理办法，在"实"字上下功夫，在"细"字上求突破，增强备、教、研、辅、考等教学环节的实效性，走内涵发展之路，从而较好地实现课程实施与办学质量的有机统一。

具体而言，一方面，学校以"大单元教学理念"为引领，持续推进教学

方式和学习方式变革,实施"433"的教学工作行动策略,全面规范教育教学行为。"4"个关注,即关注每一天的课堂教学质量,关注每一个学科课堂教学常规的建立,关注每一名学生学习习惯的培养,关注每一名学生学业质量的提高。"3"个不,即不迟到一分钟,不拖延一分钟,不盲目一分钟。"3"个给,即把时间留给学生,把方法教给学生,把信心还给学生。另一方面,学校也鼓励教师遵循学科教学规律,打破教材束缚,整合教学资源,在教学各环节注意对学生核心素养的教育,提高学生自主学习能力,打造高效课堂。2022年,双十中学获评"福建省首批示范性普通高中学校",这是对学校以课程建设和教师发展两个项目为抓手,进行大胆探索和积极实践的肯定。

一节好课是打磨出来的,也是集体智慧的结晶。双十中学推行"集体备课制度",力求发挥各学科教研组、备课组团队优势,将完整的教学过程归纳为8个环节,即"研修定方向、学案测学情、精心再设计、释疑成规律、练习求巩固、作业达规范、章节成网络、滚动抓反复"。与此同时,学校还致力于探索不同课型特征,优化课堂教学结构。学校各教研组经常组织开展课堂教学研讨课、观摩课、公开课、示范课、教学讲座等活动,让教师全员参与、主动学习、互相交流,达到共同研究、共同提高的目的,形成研究、合作的氛围,促进教学能力和教学质量的提高。

通过开展同课异构、教学论坛、教师沙龙、教学常态课评比、集体备课、优秀成果展示、读书交流、教学反思及专家讲座等活动,学校各个教研组形成了具有"高效、优质"特征的不同学科的新授课、讲评课、复习课的课堂教学结构模式,让教师从丰富的活动中受益,引导教师遵循学生的认知规律,使教师的"教"真正围绕学生的"学"设计开展,重视学生的参与,重视与学生的思维对话,从而实现了学生的有效自主学习。

二、通识课程:春风化雨润心灵的温度教育

基于历史传统、人文积淀和时代要求,双十中学从整体上探索学生发展指导之路,始终坚持"活动育人",做春风化雨、浸润心灵的温度教

育。漫步于双十校园，总能看到这样一句话："真正的文化是植根于内心的修养，无需提醒的自觉，以约束为前提的自由，为别人着想的善良。"双十的校园文化总能给学生以正确价值观的引导。

习近平总书记曾强调："中小学生要立志成才，必须勤奋学习、提高综合素质，努力做到修身立德、志存高远，勤学上进、追求卓越，强健体魄、健康身心、锤炼意志、砥砺坚韧。"中学阶段是学生世界观、人生观和价值观形成的关键期，也是学生选择未来人生发展方向的关键期。近年来，国家和地方各级教育部门出台了多项政策文件，提出学校要探索多样化的人才培养途径，创新教育教学方法，构建全面的人才培养体系。

因此，在通识基础课程体系的建构中，学校重点依托学术通识课程、心理健康教育、生命健康课程、安全教育课程和家庭教育课程等多个向度，以为国家培育学术型、精英型人才为己任，在统筹规划"学术型"高中建设的道路上乘风破浪，力求让双十学子们既腹有诗书、阳光自信，又规矩守礼、懂得敬畏。

（一）学术领航，静待花开

"学术型"高中，顾名思义就是以学术为导向，以高素质科学研究与技术创新人才培养为主要任务的高中。双十中学党委书记、校长欧阳玲说，通常来讲，普通高中只承担传授知识的任务，对创造要求并不多，"学术型"高中颠覆这一理念，把发展高中生科学创造与实践能力、为学术型研究型人才的培养奠基作为己任。

学校开发学术类校本课程，突出对学生思维能力的培养，满足学生多样化的选择需要，完善学生的知识结构。学校编订了《学术通识读本》，涵盖领导力、逻辑思维、学术写作规范、学术道德等多方面内容。在学术读本编订的过程中，学校一方面注重与科学发展的最前沿接轨，让学生学习最新的、最有价值的知识；另一方面又立足于基础，回归生活，让学生在生活中学会面对并处理现实世界的一个个实际问题。在学术通识课程中，学校力图通过激发学生的学习兴趣，把学生引入丰富多彩的学术世界、生活世界。

在建校百年之际,学校又特地邀请国内外顶尖名校的专家、学者来学校"百年讲坛"开设讲座,既让学生接触诗经与礼乐文化,洞察从历史走向未来的考古学,认识小经济与大经济的关系,了解企业国际文化路径的挑战,也让他们涉足神奇的数学、化学、医学、建筑学,力学、量子物理、集成电路与纳米技术、互联网等领域,有目的地引领学生在扩大视野,激活思维,提高人文、科学素养的同时,明确肩负的社会责任,确立人生的理想志向,以积极进取的姿态应对方方面面的挑战,着力发展核心素养,努力塑造最好的自己(图 5-2)。这是学校"追求极善,勇为最先"优秀传统的必然,更是学生"全面发展,追求卓越"的必然。

课程编码	课程名称	任课教师
JT004	志向使命成就——与青少年朋友谈成长(4 月 2 日 16 时 30 分)	中国科学院大学
JT005	人工智能与软件的最新发展(4 月 9 日下午 14 时 30 分)	南开大学
JT010	数字智能时代的科学与技术(5 月 15 日 16 时 30 分)	中国人民大学
JT009	迈向沉浸式世界:挑战、技术与未来(5 月 14 日下午 14 时 30 分)	上海交通大学
JT007	人工智能(4 月 23 日下午 14 时 30 分)	复旦大学
JT008	信息时代下的成长和成才(4 月 23 日 16 时 30 分)	浙江大学
JT012	力学与生命(5 月 28 日 16 时 30 分)	西安交通大学
JT002	新时期中国人的航天梦——中国民航与民航教育(3 月 26 日 16 时 30 分)	中国民航大学
JT003	致力双碳使命,聚焦航天动力(4 月 2 日 14 时 30 分)	哈尔滨工业大学

图 5-2　2022—2023 学年"双十大讲坛"课程

（二）以心换心，以诚换诚

陶行知先生曾说:"真的教育是心心相印的活动,唯独从心里发出来的,才能达到心的深处。"在双十中学,我们认为每一颗心灵都应该被温柔以待,每一份遇见都值得被用心珍藏。因此,学校十分重视并关心学生的心理健康,定期开展心理健康教育活动。

在开学第一周,为帮助学生尽快进入角色,适应学校生活,学校会开展心理健康教育周活动,开设主题各异的心理健康教育讲座,帮助学生舒缓心理压力,构筑坚实心理防线。每年的 5 月 25 日,是全国大、中学生心理健康日。"5·25",谐音"我爱我",关爱自我的心理成长和健康,了解自我,接纳自己;关注自己的心理健康和心灵成长,进而爱别人,爱社会。在心理健康日这天,学校各个校区也会围绕同一主题,从师生两个层面开展系列心理关爱活动,旨在充分挖掘教育资源,让师生在活动中受益,实现健康前行,并带动更多的人关注心理健康。

在课程建设方面,高中阶段开设每周一次的心理校本课,高一每周1 课时、高二每周 2 课时,主题选择围绕该年段学生的身心发展特点及不同时期的实际心理需求,帮助学生更好地成长,顺利应对学业、心理各阶段的发展任务。课前教师精心设计相关内容课程,有计划地充分利用有限的课时,灵活选用心理测试、故事感悟、交流分享、游戏活动等团体辅导形式,引导学生探索认识自己、人生选择、未来规划、自我责任、竞争合作等人生议题,提高学生的人际交往和心态调整能力。课堂教学中引导学生通过体验、感受、分享、领悟,推动学生在课堂活动中不断体验,从而促进高中生的思维发展和心理成长。心理校本课的开设在普及心理健康知识、关注自我身心健康、提升人际交往能力、及时调整心态等方面给予学生极大的帮助。

（三）举安全之盾，防事故之患

生命重于泰山,安全高于一切。本着对学生生命安全素质教育的重视和落实,双十中学极为重视安全教育课程的实施,借助新生生命安全系列教育、安全专题讲座、安全教育平台、体育健康教育等形式,进一步提升学生的生命安全意识,守护学生安全健康成长。

在双十,安全是一种幸福,亦是一种责任。学校重视学生的生命安全与生命发展,坚持做到以人为本。每届高一新生入学,立即开展包括宿舍区和教学区的消防安全疏散演练、心肺复苏急救技能培训等系列安全教育。高一各班必须有序参与灭火器使用规范以及消防安全知识技能培训,在老师亲自示范和悉心指导下,学生们认真倾听、仔细观察,并轮番上阵亲身体验了如何正确使用灭火器灭火的过程。通过这样的亲身实践,学生掌握了在火情初期如何自救的技能,全面提升了学生的消防安全知识和技能。与此同时,为了更好地让学生掌握基础医疗知识和急救技能,守护"黄金四分钟",高一新生入学时,便会在双十中学体育馆二楼开展心肺复苏急救技能培训。培训老师尽职尽责、不遗余力地向同学们生动演示如何进行心肺复苏的具体操作流程和注意事项,并结合心肺复苏的人体模型手把手教学,力求每位同学都上手操作,每位同学都熟练掌握这项至关重要的急救技能。

读书的厚度,决定人生的高度;运动的能量,决定人生的质量。学校也十分重视运动中的生命健康教育。2023年春,新冠疫情告一段落,为坚持"健康第一"的原则,确保体育与健康学科教学和校园体育活动的正常开展,帮助学生通过科学的体育锻炼"享受乐趣、增强体质、健全人格、锤炼意志",学校高中体育教研组分别在枋湖和翔安高中校区开展以"体育健康理论知识与方法"为主题的体育开学第一课。

理论课充分考虑学生实际需求,将授课内容围绕运动强度与心率监测、运动损伤与防护、"阳康"后运动指南、急救知识等方面展开,体育组的老师们贴心地给出了"阳康"后运动指南和运动注意事项,让同学们对体育健康知识有了更全面的了解。

(四)以书润心,领跑家庭

面对青春期孩子的一系列问题,家长普遍感到焦虑和无助。作为老师特别是班主任,经常听到的就是家长忧心忡忡的"怎么办"。在千姿百态、形形色色的"怎么办"面前,传统的家访、家长会、专家讲座难以解决这么多现实的问题,也满足不了家长们在家庭教育方面的种种需求。党的十八大以来,习近平总书记在不同场合多次谈到要注重家庭、注重家教、注重家风。2019年全国教育工作会议上,时任教育部部长陈宝生强调,家庭教育的重点是通过言传身教给孩子上好人生第一课,学校和老师不能把家长变成"助教"。家长是孩子的第一任老师,孩子的成长离不开家长的成长。而学校在家庭教育中的主要任务,是为家长提供科学系统的指导,以提高家长的家庭教育水平,而家校合作是其重要的实现途径。

近年来,双十中学通过家长读书会、家庭教育工作坊、亲子实践活动等形式,创设双向交流的家校合作平台,以家长在陪伴初中生成长中遇到的实际困难为出发点,以家长的自我成长为核心,支持家庭开展更具针对性和有效性的家庭教育活动。学校定期举办家长读书会,在厦门市教育科学研究院叶思思老师和心理专家李萍妹老师的推荐下,选取了《十几岁孩子的正面管教》《非暴力沟通》《由内而外的教养》《游戏力》《新家庭如何塑造人》《正面管教》《时间管理》《教出乐观的孩子》等书,举办双十家校线上线下读书会。学校老师和家长结合书本的内容和青春期孩子成长案例,撰写导读稿并录音,组织家长听导读、研讨,分享家庭教育案例,同时还邀请教育和心理专家进行点评和专业引领。

"纸上得来终觉浅,绝知此事要躬行。"除了举办线上线下读书会,学校还组织"双十小伙伴活动"和"亲子阅读马拉松"等活动,致力于打造价值认同、和谐互动、资源分享的教育共同体。在工作坊,家长接受了专家更具体的指导,将书本上汲取到的理论知识落实到具体操作层面,丰富了实践经验。"双十小伙伴活动"则以主题活动为载体,构建家长和谐互惠协同育人机制,家长轮流主持活动,教育内容和方式更丰富更完善。"亲子阅读马拉松"则倡导家长和孩子携手长时间的深度阅读,相互了解,交流思想,增进情感沟通。

复旦大学教授、博士生导师朱永新认为,未来,家庭、学校、社区携手前行的家校社合作共育机制,将共同形成教育的磁场;教师、学生、父母以及所在社区相关人员共同成长,将成为未来学习中心的常态。"以书润心,领跑家庭",家长读书会、家庭教育工作坊、双十小伙伴活动、亲子阅读马拉松,在家庭教育系列课程的开展中,双十中学致力于让家长遇见更好的自己,让家长从改变自己开始,率先垂范,让自己的精神世界变得更加充盈和美好,进而改变和提升了家庭教育的方式方法,助益家校合作、协同育人的新格局。

三、探索·创造·卓越:动态发展的特色校本课程

什么是一所学校的核心竞争力?有一种说法是"文化力"。诚如一位教育管理者所言:"所谓教书育人、管理育人、服务育人、环境育人,说到底,都是文化育人。"这也正是文化的本意——以文化人。一所学校要想培育出优秀的教师队伍和优秀的学生群体,就必须着力建设优秀的学校文化和强大的文化力。双十中学在尊重自己的办学实际、办学传统的前提下,客观分析、科学论证学校的特色和优势,借助地域资源,逐步打造并探索实施自己的校本课程群。

校本课程,是三级课程(国家课程、地方课程、校本课程)的最后一级,也是最切合学生成长需要、最体现学校特色的一级。双十中学曾被授予"国家课程校本化实施示范高中"这一荣誉称号,这与学校致力于打造"价值驱动型学术学校"的尝试是密不可分的。

在严格执行国家课程的基础上,学校设置的校本课程,包含生本课程、家庭课程、生涯课程等多个方面,构建起高标准、多层次、终身化、国际化、有特色的课程群。与此同时,学校还设置综合实践课程,指导学生开展红色之旅、文物寻根等学生自主进行的综合性学习活动,有效地培养和发展学生解决问题的能力、探究精神和综合实践能力。每学期,学校各学科教研组开发出 78 门校本课程,让学生通过学校网络平台竞争选课。从中评选、推广 30 门精品课程,进而重新修订其他校本课程,并由此总结出校本课程的设计路线图,最终形成动态发展的校本课程群(图 5-3)。

课程体系	成长与探索 V1 V2	成全与创造 V3 V4	成就与卓越 V5 V6
习惯与品格	新生军训课程 红色研学课程 高中学法课程 健康营养膳食 茶艺论道课程 居室整理课程	党史教育课程 双十先锋课程 选科学法课程 历史文明进程 从动物家庭看人类家庭与文明	时政教育课程 成人教育课程 复习学法课程 党史风云人物 大国崛起历程 双十"政"青春
探索与实践	生涯通识课程 选科指导课程 星空观测实践 Arduino开发 财经时政分析 简单机械使用	职业体验课程 研究学习课程 建筑设计风格 平面设计入门 天煜军事探索 微视频的制作	职业指导课程 志愿指导课程 健康饮品调制 科技创新发明 家电维修技术 摄影剪辑提高
艺术与审美	音乐、美术学科国家必修课程 尤克里里 创意绘画 十字绣 陶艺 书法 篆刻 舞蹈 器乐	音乐美术国家选择性必修课程 吉他 合唱 书法 幸福安心动漫 民乐 合奏 阿卡贝拉 知默音乐	传媒艺术实践 创意绘画实践 电脑动漫制作 电影传媒艺术 媒体艺术赏析 民间剪纸艺术
体育与健康	心理通识课程 心理健康课程 秋季田径运动会 篮球 足球 春季趣味运动会 游泳 网球	心理拓展课程 心理自我探索 滑板社 网球社 单车社 看球社 集体舞全能大赛 街舞表演社	考试心理课程 考前减压课程 羽毛球乒乓球 校园健身跑 曳步舞尊巴舞 趣味大课间
数学与科学	数学、科学大类国家必修课程 学科奥赛课程 趣味化学实验 游乐场中的物理 3D打印技术	数学科学国家选择性必修课程 美妙数理思维 统筹法与图论 电子控制技术 科技创新发明	数学、科学大类国家选修课程 生命科学前沿 航天器的设计 大气化学研究 智能驾驶技术
语言与文化	语言、文化大类国家必修课程 中国古诗鉴赏 西方文化漫谈 浅谈闽南文化 细读世说新语	语言文化国家选择性必修课程 话剧欣赏实践 英文外刊选读 环保英语专题 英语口语交际	语言、文化大类国家选修课程 雅思课程 SAT课程 辩论赛 模拟联合国 西方历史源头

图 5-3 双十中学校本课程群

为学生成长需要而开发，这是校本课程开发的题中之义。在课程渐趋成熟、实验渐趋完善、教材渐趋形成的过程中，学校自觉适应国家培育英才的要求，发挥学校课程开发、教材建设的历史优势，着眼于不同层次学生的个性要求，实现校本课程和校本教材建设的内蕴转化。当前，学校的校本课程形成了4个方面的特色：一是体现学校现实资源的限制和要求；二是体现学校课程开发的基础和条件；三是体现学生全面而有个性发展的需要和选择；四是体现国家课程精神和国家课程标准的校本化、创造化落实。

在此基础上，学校创造性地进行校本教材的开发建设。一是基于学校传统课程，即在长期的教育实践探索中形成的，经多年反复实验、论证已经成熟的,并且受历届学生喜欢的校本课程所形成的教材。比如《天文活动课》《高中生心理健康教育》等教材,就是经过多年实践探索,不断完善的教材。二是基于校本特色项目或优势项目的开发。例如,学校的"中学生模拟联合国"。厦门双十中学模拟联合国协会(DTMUN)成立于 2009 年。自成立以来,双十模联始终秉持着"素质教育、精英培养、爱国荣校"的理念举办活动,在国际国内各项各类活动中,积蓄起丰厚的理论基础与实践经验,孕育了一代代杰出的双十模联人。模联成员多次代表学校参加联合国模拟联合国大会、芝加哥大学模拟联合国大会、哈佛大学模拟联合国大会等国际知名活动,以及团中央全国中学生模拟联合国大会、北京大学全国中学生模拟联合国大会、外交学院模拟联合国大会等国内高级别会议,并屡次在上述大会中荣获杰出代表、最佳风采奖、最佳潜力奖及最佳文件写作等奖项。目前,模联活动依托校本课程、参照竞赛类学生活动开展,形式多样丰富,并定期聘请有经验的老师讲课,每个学期都举办全市或者全省规模的中学生模联活动。双十模联在同类课程和同类项日中首屈一指,吸引了国内外同行的关注,也形成了独具特色的校本课程体系。三是基于国家课程内容延伸的开发,即在现行国家课程内容的基础上,为达成更高层次的培养目标,适应学校的特色发展,教师利用自身专长来延伸课程的内容,拓展课程的内涵所开发的教材。例如《从模仿制作到创新设计》《高中语文戏剧教学综合实践活动课程探索》等,就是教师根据培养创新人才的需要,充分发挥自己的专长,设计编写而成的教材。四是基于本土化教育需要的开发,即充分挖掘本土教育资源,如《闽南文化》等系列教材,致力于引导学生学习本土历史传统和历史文化经验知识,增强对闽地、对家乡、对民族的认同感和自豪感,升华爱乡之情和爱国之情。双十中学的校本课程和校本教材,既反映国家课程精神,符合国家课程标准,又适应地方社会、文化的发展生态,体现出勃勃的生命力。

(一)学以育德,强化学生的道德品质

课程是学校重要的教学组织载体,是育人的主阵地。近年来,双十中学始终坚守立德树人初心，坚持以文化人、以德育人，在德育课程的基础上，重视校本课程的育人价值，强调把学生培育成品学兼备者、核心价值观的践行者、民族复兴大任的担当者。学校积极探索"入耳、入脑、入心"的德育校本化实践路径，努力做到每一堂校本课程在传播知识的同时，提高学生的思想水平、政治觉悟、道德品质，让德育的种子在学生心中生根发芽。

"中华优秀传统文化"是学校一门跨学科主题式校本课程。在这门校本课程中，学生们从包罗万象的中华文化沃土中汲取丰厚的哲学思想、人文精神、道德理念，在积淀自我的过程中不断增强历史自觉、坚定文化自信。学校历史组教研组长、正高级教师陈温柔老师和厦门市教育科学研究院的谢志芳老师，通过选择、整理、自主改编，新编了一整套以"中华优秀传统文化"为主题的跨学科校本课程系列教材。《中华优秀传统文化中学生读本》便是其中最核心的一本，该读本从中学生的认知水平出发，精心挑选了中华五千年传承积累的、最为精华的部分，涵盖了学术思想、道德伦理、风俗习惯、语言文字、文化典籍、科学技术、文学艺术、哲学宗教等领域，全面展现了中国特有的自然风物及人文精神。

结合读本的自主研习、校本课程的系统学习，学生能直接触摸到优秀传统文化的脉搏，了解到蕴含在传统文化中的民族特色，认识到中华民族能够在顺境中从容淡定、在逆境中奋进崛起的根源乃是中华优秀传统文化的持久涵养，从而在传统文化精神内涵的熏陶中，培育美好人格，养成良好的行为规范、质朴的道德操守、深邃的哲学思想和高雅的审美情趣。此外，在翔安校区还开设有一门主题为"抗美援朝，保家卫国"的校本课程。跟随着指导老师回溯这段波澜壮阔的历史，在场的双十学子纷纷被中华民族伟大的红色基因深深触动。

五育并举，德育为先。双十中学的校本课程，有理想信念的扎根、有道德情操的修炼、有健全人格的培育、有崇高精神的弘扬，致力于为学生的成长筑牢坚实的价值底座，注入深厚的精神营养。

（二）学以促智，提升学生的核心素养

人工智能时代呼唤学生成为知识渊博者、深度探究者、问题解决者和理性批判者，学校期待依托校本课程培育学生的学术素养。2023 年，ChatGPT 的出现，是人工智能发展的一个重要里程碑。其应用在自然语言处理领域的进步，为人工智能与人类交互的未来之路开辟了新的方向，但也促使人类保持警觉和谨慎。习近平总书记强调："人工智能是引领这一轮科技革命和产业变革的战略性技术，具有溢出带动性很强的'头雁'效应。"人工智能技术已经走进千家万户，人工智能的发展水平也成为衡量一个国家科技综合实力的重要指标。为响应国家号召，顺应时代潮流，双十中学在国家课程标准的基础上，利用厦门市人工智能进校园的项目，借助优必选的机器人及人工智能平台开发人工智能校本课程。这些人工智能校本课程以算法与编程实践为抓手，让学生学会与智能工具打交道，能够用智能的软硬件结合的方式解决日常生活中的实际问题。在这里，学生的计算思维、创新精神和实践能力都得到质的飞跃。

与此同时，学校还开设"清华人工智能班""同济人工智能班""人工智能与数学"等人工智能校本课程，邀请清华大学、同济大学、厦门大学等高校教授和校内名师组建"豪华导师阵容"，为学校课程体系发展注入源源不断的智慧动能。2021 年 3 月，学校有幸邀请到南京大学计算机科学与技术系王崇骏教授，为学生们带来《我们身在其中的人工智能时代》主题讲座。社会高速发展的图景在眼前展开，如何面对人工智能时代？正如王教授在讲座最后所言："AI 已来，接受它，拥抱它。"对于新事物的到来，在保持一定的警惕的同时，作为时代新人也应当正视其发展的积极性。不拘于过往，不拒绝发展，亦不滥用科技，不打破底线。对于我们新时代的青年，王教授以自己的见闻与见解，于科技与道德间划清了泾渭，于梦想和现实间架起了桥梁，于我们心中树立了社会责任感。以自身的学识去直面社会中的问题，这正是双十中学百年以来育人的根本目标。

（三）学以益体，培养学生的意志品质

在健康第一的教育理念的引领下，双十中学致力于通过精心设计的校本课程，将体育教育与学生意志品质的磨砺和培养紧密结合。我们深知体育不仅锻炼学生的体魄，更是塑造他们精神风貌和意志品质的关键领域。因此，在体育教育中，学校始终坚持以享受乐趣为基石、增强体质为目标、健全人格为导向、锻炼意志为动力，为学生精心设计并实施多元化的体育教学活动。

为了具体落实这一目标，学校根据学生的身心发展规律，开设了多样化的体育校本课程。这些课程包括男篮、网球、女篮、游泳、田径、定向越野和女足等，旨在让学生在自己感兴趣的领域深入探索，享受运动的乐趣。此外，学校还特别注重培养学生的团队合作精神和领导能力，通过组织各类体育竞赛和活动，让学生在挑战中锻炼自己的意志品质。

磨砺意志基石，激发运动潜能。在常规课程教学中，学校注重培养学生的自律性和毅力。通过设定明确的目标和期望，学校鼓励学生坚持训练，克服困难，不断挑战自己的极限。同时，通过体育教师课堂上的引导和激励，帮助学生建立正确的价值观和人生观，培养他们的责任感和使命感。例如，翔安校区开设了"舞蹈啦啦操"校本课程，学生在音乐和口号的衬托下，感受多种风格的舞蹈，展现属于双十阳光少年青春活力、积极向上、朝气蓬勃的精神风貌。

拓展活动边界，点燃竞技热情。为了进一步拓展学生的运动视野和竞技热情，学校积极组织各类体育兴趣小组、社团和俱乐部。这些组织为学生提供了更多参与课余训练的机会，让他们在专业的指导下不断提升自己的运动技能。此外，学校还定期举办大型运动会和吉尼斯纪录活动，让学生在竞技中展示自己的才华和实力，激发他们的斗志和自信心。

传承文化精髓，展现体育风采。在传承中华传统体育项目方面，学校特别注重武术和舞龙舞狮的传承与发展，将这些项目纳入体育课程和校本课程，要求每个学生掌握 24 式太极拳。通过日常教学、训练和竞赛机制的融入，学校形成了武术和舞龙舞狮的校内外竞赛体系，旨在涵养阳光健康、拼搏向上的校园体育文化,增强学生的文化自信,促进学生刚健有为、自强不息。

(四)学以创美,提高学生的艺术审美

承美育之风,扬树人之帆,从善而终,至美素璞。勤于学习,精于钻研,志在彰显双十人文之悠远,涵养学子心性之韬韬,荟萃艺术,化育菁华。凝练百年卓越,双十中学致力于搭建以美育人、以美培元的特色校本赋能课程框架,强调把学生培养成为协调发展者、自觉审美者、积极创造者。具体而言,在健全学校美育育人机制的过程中,不断创新音乐、美术、书法、舞蹈等各类校本艺术课程,充分挖掘不同课程所蕴含的美育价值,形成充满活力、多方协作、开放高效的学校美育新格局。

在枋湖校区,选择"书法"校本课程的学生拿起毛笔,在临摹与创作中涵养心灵,于方寸之间体悟中华优秀传统文化的独特魅力;在翔安校区,选择"国画"校本课程的学生使用水墨、颜料、毛笔、宣纸等国画用具,以概括简练的笔墨,描绘花鸟的形态神韵。

通过美术日常教学、校本课程的开展,以及创造新的美术课堂模式——"艺术价值说"辩论赛,美术教师在教学相长中时刻以学生为本,从而提高学生的综合能力。为满足美术艺考生的需求,美术教师会利用体锻时间、自习课开放学校画室,对学生进行素描、色彩、速写的辅导与训练。双十中学更有多样化、深层次的美术校本课程,囊括国画、书法、篆刻、素描、软陶、蓝晒古典摄影等,以多元的艺术形式作为桥梁,联结知识与实践,在培养学生初步具备美术学科技能的同时,使学生更深入地感受艺术的魅力,陶冶情操。除了美育课程建设,学校还定期开展美育活动,让学生参与校园文化的建设。除日常的主题黑板报评选外,每年的班级全能大赛及校园文化艺术节更是学生们展现艺术风采的平台。本着充分激发学生的想象力和创造力的原则,双十中学组织和开展多样化的比赛活动,从绘画、书法、摄影大赛到软陶作品展,从帆布包的绘制到校园吉祥物的设计,从双十文创产品设计到名画模仿秀,提高学生的审美素养。

在双十中学，学生在艺术的浸润中感受美、表现美、鉴赏美、创造美，不仅丰富了审美体验，还拓宽了艺术视野，更能在美的教育中进一步追寻人生的价值与境界。

（五）学以启劳，加强学生的劳动实践

苏霍姆林斯基曾说过："劳动是有神奇力量的民间教育学，给我们开辟了教育智慧的新源泉。这种源泉是书本教育理论所不知道的。我们深信，只有通过汗水、有老茧和疲乏人的劳动，人的心灵才会变得敏感、温柔。通过劳动，人才具有用心灵去认识周围世界的能力。"劳动教育是中国特色社会主义教育制度的重要内容，直接决定社会主义建设者和接班人的劳动精神面貌、劳动价值取向和劳动技能水平。

"离开劳动，不可能有真正的教育。"双十中学以特色校本课程为抓手，创新机制、优化模式，开设一系列劳动教育课程，为学生提供了丰富多彩的劳动机会。此类校本课程以实践为主线，强调学生直接体验和亲身参与，具有针对性、指导性、可操作性，致力于把学生培养成为主动规划者、敢于负责者、专注笃行者和善于合作者。

"初中生要学会整理房间，学会做简单的饭菜；高中生要学会简单的日常电器维修，学会手工制作装饰品来美化房间。"这是《福建省厦门双十中学劳动教育校本教材》里的内容。教材是课程实施的重要依据，是教学内容的重要载体。学校认真贯彻习近平总书记在全国教育大会的重要讲话精神，并在此基础上组织一线骨干教师问生所需，根据各年段学生的学情，精心编写了贴合学生实际生活，实践性强，具有时代感，有创新意识的《福建省厦门双十中学劳动教育校本教材》。教材对劳动内容、劳动评价等方面进行了详细描述，将教师的授课内容、学生的参与过程以及学生自我、家长和教师的评价有机融合在一起。

学校认为，当下的劳动教育，不能只局限于学工学农，应该贴合新时代学生的实际，体现时代特色。因此，这部教材中增加了学生喜闻乐见的劳动项目。《福建省厦门双十中学劳动教育校本教材》共 4 册，分别供高一、高二、初一、初二年级的学生使用。教材内容包括"日常生活劳动"

"服务性劳动""生产劳动""生活妙招"4 个板块,目的是让学生获取劳动知识、参与实践,培养学生良好的劳动习惯,体会劳动创造的价值。这套教材贴近学生生活,除了生活常识,还包括捕鱼、工艺品制作等趣味性劳动以及劳动态度、劳动价值观、劳动能力培养等方面的内容。

除了编写劳动教育教材,双十中学还开齐劳动教育课程,让劳动教育真正落地生根。学校注重将劳动教育课程落实到每年的课程计划中,形成理论与实践相结合的劳动教育必修课程。同时,以学生职业生涯规划和校本课程为依托,教育学生树立正确的劳动观。比如,在通用技术教学中有机融入劳动教育内容,让劳动教育理论和实践相结合,让学生真正地"动"起来。目前,高中每学年开设 43 门劳动课程,共 240 学时,高一、高二学生全部参加,高三学生选择性参加。学校通过营造环境氛围达到"尊重劳动、崇尚劳动、热爱劳动"等价值理念在校园中蔚然成风的目标,让学生受到潜移默化的影响。

在双十中学,劳育是多彩的,也是多元的。在这里,学生"做中学""学中做",在不断尝试的过程中发现自己的兴趣,挥洒劳动的汗水,体味劳动的艰辛,收获劳动的快乐,真正理解劳动的内涵,进而形成正确的世界观、人生观、价值观,涵养崇尚奋斗的精神。正如双十中学党委书记、校长欧阳玲所说:"让学生在生活实际中增强劳动愉悦感,感受幸福;在情感融入中激发劳动成就感,提升幸福;在主动参与中强化劳动归属感,创造幸福;在时代精神中培育劳动意义感,获得幸福。"劳动创造价值,学生也在劳动中找到自我价值、探索未来生涯。学校力求用最坚实的劳动,垒砌通向未来的长阶,为学生将来成长为一个幸福的人奠基。

每一朵花都绽放着我们的个性,每一片叶都映照着我们的风采。在双十中学,学习从来不应是枯燥的,可以有墨香花语,也可以有彩灯玲珑。不胜枚举的校本课程、丰富多彩的课程内容、科学的教学设计、自主自由的学术氛围,双十学子得以在校本课程中启迪心智、浸润灵魂,探索生命的激情、青春的精彩。双十中学 2019 届毕业生、就读于中国传媒大学的吴祎婷同学回忆道:"作为一个外语专业大学生,我特别怀念在双十模联的经历,从勇敢迈出第一步作全英文发言到在学长学姐的指导下自行撰写英语文件，这些对高中生来说或许有些'刁难'的要求锻炼了我的表达能力和独立写作能力，也拓宽了我的视野，为我在大学的进一步学习打下了很好的基础。"

却顾所来径，苍苍横翠微。双十中学的校本课程建设，是学校素质教育和培育学生发展核心素养的重要载体之一，也是学校坚持多样化办学、培养拔尖创新型领军预备人才的重要活动载体。正是在学校不遗余力的支持下，双十中学的优秀学子们不仅能够在高中学习中获得关键能力的提升，也能够优先接触到世界级平台的优质资源。乘"科学"与"人文"之双翼，融"五育"与"五品"之十纬，双十中学的校本课程建设有所为，也大有可为。当航船驶入学海，双十中学将指引学子们到更广阔的世界去看看。

四、全方位、立体化的课程评价

在传统教学中，我们一般注重评价课程内容，或是以考试成绩作为评判学生学习情况的唯一标准。现代化的课程评价应当关注课程结构中的各个环节，通过对课程开发质量、课程实施状况以及学生发展效果等的把控，对课程进行全方位的评价，以此发挥评价导向、激励和调控的功能。①

（一）课程开发质量的严格把关

学校课程包括国家课程、地方课程与校本课程，国家课程与地方课程主要以教材、课程标准、课程大纲等形式参与到学校教育之中，并在课程实施中发挥重要的指导作用。因此，课程本身的质量如何，需要进行严格的把控与监督。建立由社会主导的专业性评估机构，并用法律的手

---

① 郭元祥，罗泰平.走向课程领导[M].上海：华东师范大学出版社，2004：11.

段确定对评估机构的管理与监督方式。①

除了国家课程与地方课程需要专业人士及社会各界人士的评价，校本课程的质量也需要受到广泛的重视与监督。校本课程的开发具有更大的自由性与随意性，开发主体多为本校教师，且目前的校本课程大多没有接受外界的评价与监督，这种形式下开发出来的校本教材的科学性与价值性不能得到有效的保证。校本课程的开发不应当只是个别教师的工作，因为校本课程在学校教育中具有重要的作用，对学生的发展具有重大的影响力。

校本课程的开发是一件严肃且谨慎的事情。在双十中学，不仅需要学校领导、其他教师参与到校本课程的开发工作中来，各教研组成立专门的校本课程开发机构，对校本课程进行评价，定期听课并及时提出相关建议，还需要聘请校外相关专家对校本课程作出评价，给予专业的指导建议。例如传统习俗校本课程的设置，就需要熟悉该技艺的人士参与，对相关的课程时数、教法学法给予建议，指出校本课程的不合理之处，增强校本课程的针对性与实用性。总之，课程开发作为课程结构中的关键一环，决定后续的课程实施等一系列步骤，需要对其进行科学谨慎的相关评价。

(二)结果导向下的评价体系

课程评价体系方面的变革，主要体现在课程评价体系的功能方面的转变。传统的课程评价体系过分强调甄别与选拔的功能，而建立新的课程评价体系，主要功能就是改进教学的方式、提升教师的能力、促进学生的发展。

首先，要重视综合评价，关注个体差异，实现评价指标的多元化。在高中新课程改革的过程中，重视对学生综合素质的全面考查，要求教师不仅要关注学生的成绩，更要关注学生的学习态度和学习方式、分析问

---

① 吴云勇,姚晓林,付静.基础教育管办评有效分离的理论探究[J].教育研究与实验,2018(2):72-76.

题和解决问题的能力、情趣爱好和个性优点、实践能力和创新能力等各个方面的综合能力和综合素质。在对学生进行综合性评价的同时，还要根据时代的发展要求，以及学生的发展需求，进一步丰富评价指标和评价体系的内容。

其次，强调评价方式的多样化和针对性。高中课程评价方式的基本内容主要包括以下 3 个方面：其一，适用于评判学生所获得的知识和技能是否达到基本的评价标准；其二，适用于评判学生在学习过程中的具体学习态度、学习行为以及学习习惯的表现是否达到基本的评价标准；其三，适用于评判学生所形成的世界观、人生观、价值观是否达到基本的评价标准。所以，在实践中，对于评价的具体方式而言，可以是多种多样的，在结合实际情况的基础上，进行适当选择，提升评价体系的针对性和实效性，更好地发挥评价方式的特点和优势。

最后，实现评价主体的多元化和互动化。高中新课程改革评价的主体，已经不再呈现简单的单一性，而是逐渐地向多元化、多向性转变，学生、教师、家长等都成为评价的主体。另外，被评价者在评价体系中的地位也在发生着重要的变化。在传统的评价体系中，被评价者仅仅处于被动的地位，简单地接受评价；而现今被评价者已经逐渐地参与到评价体系中，共同参与评价过程。与此同时，评价主体之间的互动、联系，加强了评价者与被评价者之间的沟通，加强了评价者与被评价者之间的了解。[1]

（三）学生发展状况的效果检验

对于课程开发与实施等的评价，其最终目的都应该是"为了学生的发展"这一终极目的服务的。[2] 学生发展效果评价的主要来源，包括学生发展的形成性评价与终结性评价。

形成性评价要坚持目标与过程并重的原则，主要指对学生日常学习

---

① 陈希.学校文化视域下的我国高中新课程体系建设[D].延安：延安大学,2013.

② 蒋碧艳,梁红京.学习评价研究：基于新课程背景下的实践[M].上海：华东师范大学出版社,2006:11.

表现进行评价,包括课堂表现与课下表现。课堂表现主要集中在学生是否能够积极参与到课堂教学中来。学生作为课堂学习的主体,需要在课程实施过程中进行主动的学习,学习的投入性应当成为课程评价的重要指标,反映课程是否适合学生群体性发展水平,对哪些学生个体具有不适切的情况,通过对学生学习状态的观察与评价,对课程进行反馈性的思考与改进。课堂之外,学生仍然需要进行一系列的课程学习,包括课后作业等的完成情况,更加客观地反映课程实施对学生的影响,直观表现学生在课程中吸收内化了什么,反映出什么问题。学生的形成性评价往往是学校及教师容易忽略的问题,但形成性评价对学生的发展以及课程自身的改革具有重要的意义。基于以上认识,双十中学建设智慧型校本题库,力求提高各学科作业设计的质量,同时鼓励备课组依据学生学情采取分层布置作业。希冀通过形成性评价,及时反映学生的发展现状与需求,根据实际情况对课程实施进行及时修改,促使其始终保持在促进学生发展的进程中,保证课程实施的科学性及有效性。

学生终结性评价的意义也不容忽视。终结性评价一般指某一学习时段结束后对学生发展情况的评价,反映学生的发展情况,同时反映课程实施效果。终结性评价往往通过量化的形式为一个时期的学习画上句点,是学生发展水平的证明。通过终结性评价,学生能够更清楚地了解自己的优势与不足,为反思自己的学习状况提供参考依据,从而调整自己的学习状态,用更加科学的心态与方法迎接之后的学习阶段。同时,通过终结性评价,一方面,教师能够收到自身教学效果的反馈,明确教学安排是否恰当,教学方法是否奏效,从而调整自己的教学步调;另一方面,需要与形成性评价共同作为参考依据。通过形成性评价与终结性评价的比较,我们可以判断学生是否有进步或者退步,亦可以分析学生的学习状态对其发展产生的影响。近年来,学校力求改变终结性评价形式过于单一的问题,改进学生的综合素质评价,使终结性评价能够真切地反映学生综合素质的水平,防止学生片面化发展。

第六章
书院制：学术型拔尖创新人才培养新样态

清代教育家郑观应说："学校者，人才所由出；人才者，国势所由强。"国家的强盛归根结底靠人才，而人才培养离不开学校教育。学校教育为国家和社会培养人才，理应对接国家人才战略，对接社会生活之需；学校办学应该回归教育初心，重构育人资源，实施多元融合育人，培养拔尖创新人才。

当前，拔尖创新人才是国家国力提升的核心力量，是解决世界科技竞争领域关键技术难题的关键因素。虽然，拔尖创新人才必然是社会中的极少数，但他们的才智、创新、贡献，可使全社会受益。因此，拔尖创新人才培养对国家创新发展具有重要的战略意义。党的二十大报告中提到："我们要坚持教育优先发展、科技自立自强、人才引领驱动，加快建设教育强国、科技强国、人才强国，坚持为党育人、为国育才，全面提高人才自主培养质量，着力造就拔尖创新人才，聚天下英才而用之。"作为促进学生创新素养培育和发展的关键时期，基础教育阶段在拔尖创新人才培养方面发挥奠基作用。

遵循拔尖创新人才成长规律，双十中学通过构建"生态圈＋课程群＋基地班＋共同体"的拔尖创新人才基础培养路径，夯实拔尖创新人才成长基础，为学生发展提供所需的成长环境、培养载体、个性需求和共育合力，深化育人方式改革，挖掘学生个性优势和创新潜能，助力学生成长为德才兼备的创新型领军预备人才。

第一节　书院制:学术与拔尖创新人才培养的最佳融合

书院制是高校推进教育管理体制改革、探索全人教育培养模式的重要举措之一。21 世纪以来,各大高校逐渐掀起书院制改革的热潮,历经理论探索期、深化发展期、试点建设期的书院制育人模式,很有可能成为未来人才培养模式改革创新的"新风向"。为了适应普通高中优质、特色、多样化发展的需要,更好地对接高校人才培养和高考招生考试制度改革,双十中学开展了书院制建设的实践探索,积极尝试中学阶段的育人模式改革。

一、书院制育人模式的缘起

书院制的基础,有古代传统书院和西方住宿学院这两大来源。

唐宋至明清期间,我国出现了一种集聚徒讲授、咨事议政、藏书著书、研究学问于一体的教育组织形式——书院,不仅对我国古代人才培养和文化传播产生了深远影响,也为大力倡导全人教育改革的现代高等教育留下一笔宝贵的文化财富。北京大学校长胡适先生认为,古代书院精神的精髓是"代表时代精神""讲学与议政""自修与研究",并且他认为,"书院之真正精神唯自修与研究,书院里的学生,无一不有自由研究的态度,虽旧有山长,不过为学问上之顾问"。① 经过文献梳理,我们发现中国古代书院重视道德教育,注重培养学生人格,要求学生习得伦理道德,鼓励学生建立理想,奋发努力,见贤思齐;在教学法方面,中国古代书院以学生为本,重视培养学生自学的能力,通过讲习、自习、日记教学

---

① 胡适.书院制史略[J].东方杂志,1924,21(3):142-146.

法、问难论辩等教学方式,帮助学生养成独立思考、主动学习的学习习惯;在德育管理方面,中国古代书院重视学生的自我管理能力,设置学堂、学长等学生管理职务,给学生独立自主开展自我管理的权限和空间;中国古代书院重视自由讲学,推行会讲制度,推崇"百家争鸣",提倡平等交流,鼓励精思善疑,创造了开放自由的辩论氛围,锻炼提升了学习者的思辨能力,促进了师生和不同学者间的交流,活跃了学术研究,形成了良好的学风。[①]

由此可见,古代书院虽然在历史沿革中由盛转衰,至清末实行学制改革后终告消亡,但是其重德修身的文化传统、以人为本的精神实质、平等融洽的师生关系、学术自由的创新精神、精简民主的管理模式,无一不是育人模式探索中的宝贵经验财富。尽管再也无法回到过去隐匿山林、畅谈天地的古代书院,但是古代书院所营造的开放环境和秉承的育人理念是当前学校书院制改革尤当学习与弘扬的。

西方大学的住宿学院(college)最早萌芽于12世纪的巴黎大学,初衷是为贫困学生提供由社会善心人士捐赠的免费寄宿客栈,12—13世纪在英国剑桥大学和牛津大学得以发展,并在20世纪30年代为美国哈佛大学和耶鲁大学所效仿,并延续至今,为其成为世界顶尖大学奠定了坚实的基础。

欧美住宿书院和专业学院平行发展,前者负责学生在第二课堂之外的教育,后者负责学生具体的教学工作和学术研究;住宿书院的学习生活融为一体,学生能依托宿舍楼诸如图书馆、餐厅、活动室等设施完成学习、锻炼、素质拓展等各类活动;住宿书院内有深厚的历史沉淀与优美的人文景观,使学生在耳濡目染中习得缄默知识;住宿书院注重跨学科交流与学习,实施混住模式,将不同专业背景的学生置于同一个屋檐下,为学生提供了跨学科交流的机会;住宿书院重视全人教育,围绕大师安排教育活动,帮助学生开拓思维,围绕文化体育安排第二课堂,开设戏剧

---

① 韩楚煜.书院制人才培养模式运行现状研究[D].南京:南京农业大学,2021.

班,举办体育竞赛,培养学生审美能力,孕育学生团结协作和刻苦奋进的精神;住宿书院实施导师制,为学生提供全方位的教育,帮助学生养成良好的性格,树立正确的价值取向,形成师生和谐共处的校园环境。欧美住宿书院为培养对象提供了完整的社群生活和个体发展的平台,能帮助学生形成独立和完整的人格,树立思辨和创造的精神。

由此可见,若能审慎地吸收并借鉴中国书院和国外高校住宿学院制的内核,包括通识教育、导师制、选修制以及课余生活管理等方面,对于创新人才的培养和弥补当今班级授课制培养的缺陷,无疑具有极大的好处。

二、拔尖创新人才的早期培养模式

对于拔尖创新人才的早期培养,自清末的"幼童留学教育计划"起始,我国便踏上了探索与实践的征程。历经一个多世纪的磨砺与发展,这一历程凝聚了无数教育者的智慧与汗水,也见证了我国教育事业的蓬勃生机与不断进步。

改革开放以来,我国的教育事业迎来了新的发展机遇。从"中科大少年班"的创立到"基础学科拔尖学生培养试验计划"的实施,我国对于拔尖创新人才的培养逐渐步入正轨,形成了一套较为完善的培养体系。这些举措不仅为我国的科技事业输送了大批优秀人才,也为我国在国际舞台上赢得了声誉。

进入 21 世纪,我国对于拔尖创新人才的培养更加重视。《国家中长期教育改革和发展规划纲要(2010—2020 年)》的提出,为我国的教育改革指明了方向,也为拔尖创新人才的培养提供了更加广阔的空间。在这一背景下,有条件的高中与大学、科研院所的合作日益紧密,创新人才培养基地如雨后春笋般涌现,为我国的教育事业注入了新的活力。

2022 年,《关于加强基础学科人才培养的意见》的发布,更是将拔尖创新人才的培养提升到了新的高度。这一意见强调了全面提升基础学科拔尖创新人才自主培养能力的重要性,为我国的教育事业提出了新的要求。在这一背景下,我们需要更加注重每个学生的创新潜质挖掘和创新素养发展,着力培养出一大批个性鲜明而全面发展的创新型预备人才。

拔尖创新人才的培养是一项系统工程,需要从小学到中学,再延伸到高等教育阶段的全面贯通。在这个过程中,我们需要关注每个学生的成长与发展,为他们提供多样化的学习机会和资源,激发他们的学习兴趣和创新精神。同时,我们也需要注重教育公平,让每个孩子都能够享受到优质的教育资源,为他们的未来发展奠定坚实的基础。

改革开放以来,我国高校拔尖创新人才培养实践探索形成了高校少年班、"拔尖计划"和"强基计划"等多项国家层面政策设计,高校层面形成了少年班的贯通培养、大师领衔的拔尖人才培养、强化通识教育的书院制、注重本科整体质量的"泛拔尖"培养等多种模式。但实践中发现,拔尖创新人才的培养也面临统一高考与高校自主选拔、早期选拔愿景与实际培养困难、国家政策目标与高校培养责任、资源投入需求和公众公平质疑等多方挑战和实施困难。在深入推进科教兴国战略过程中仍需要进一步提高拔尖创新人才培养的合法性、自主性和协同性,从而全面提升高校拔尖创新人才自主培养质量。[①]

而从世界范围看,英、德、美分别代表了不同历史时期大学发展的主要模式,也由此形成了3种典型的大学制度。加利福尼亚大学原校长克拉克·克尔在比较英、德、美3国大学发展模式时认为,英国大学的模式是最有利于学生成长的模式。实行住宿学院制的英国大学始终把人才培养放在高等教育最核心的位置,住宿学院制是英国传统大学最为显著的特征之一。其原因在于,英国大学,特别是以牛津大学和剑桥大学为代表的英国古典大学,实行住宿学院制和导师制的"小大学"模式,重视本科生的培养,重视自由教育,重视人格和个性的完善,保存了师徒式的师生关系,比较好地继承了中世纪大学社团组织遗留下来的宝贵遗产,

---

① 王新凤.我国高校拔尖创新人才自主培养模式与实践难点[J].中国高教研究,2023(7):39-45.

履行了大学人才培养的首要职能。① 除此之外,长期位居世界一流大学前列的顶尖学府都曾公开表示,住宿学院制对于整个学校的发展带来了不可磨灭的影响。例如,哈佛大学校长洛厄尔认为,"一个年轻人的大学教育,不应仅仅局限在课堂中进行,而且也应在日常生活中进行,大学为年轻人创造一个优良环境至关重要……不同班级、不同类型和不同协会的本科生和导师们在同一个社区里生活,在同一个餐厅里就餐,全新的接触、惬意的交谈、深厚的友谊就会建立起来"②。英国近代生物化学家、科学技术史家李约瑟认为,"一名剑桥学子之所以优秀,是因为那里实行住宿学院制度。剑桥的每一个住宿学院都是由专业院系、社会出身、政治立场等各不相同的人组成的,从而将剑桥大学变成一个奇妙的熔炉"③。耶鲁大学有些校友认为,"我一生中受过最好的教育,是在耶鲁期间和同学们亲密无间地围炉夜话、各抒己见地畅谈理想,这些成为每一名耶鲁人难以割舍的耶鲁情结"④。这些顶尖学府确保住宿学院在21世纪的卓越性和生命力,是它们教育理念的关键。

三、依托书院制,培育学术型拔尖创新人才

综上所述,在当前国内与国外背景下,为了应对政治、经济、文化、教育等方面面临的机遇与挑战,适应科学技术发展引起的社会对人才需求和定位的调整,培养具有主动学习、批判思维、健全人格、良好素质的创新型复合人才,书院制应运而生。自2005年由复旦大学掀起了内地书院制改革的新热潮,越来越多的高校开始探索实践书院制。据南京审计

① 卫新,张惠钰,施怡.为每一个学生创造主动发展的最大空间——江苏省苏州中学书院制育人模式的实践研究[J].江苏教育研究,2018(C2):44-47.

② MORISON S E. Three Centuries of Harvard(1636—1936)[M]. Cambridge:Harvard University Press,1937:444.

③ 梁丽娟.剑桥大学[M].长沙:湖南教育出版社,1990.

④ 刘艳菲.住宿学院——耶鲁学生的精神家园[J].世界教育信息,2007(1):74-75.

大学第四届高校书院论坛统计，从 2005 年到 2018 年，全国共有 55 所高校成立了 173 家书院。① 亦有部分高中开始探索以书院制作为学校教育的补充，经历了十余年的探索试验，有些学校的书院制推行以失败告终，但也有很多学校将书院制作为其改革目标和特色，不断扩大书院规模，并获得社会和学生的一致肯定。

书院制建设的探索，有着来自学生发展理论、协同理论和人的全面发展理论等理论的有力支持。而在中学开展书院制育人模式的实践探索，有利于探索拔尖创新人才的早期培养，也能让这些学生更好地适应国内外大学的学习，同时也是高中教育提质增效的一条创新路径。相较于传统学校教育，书院制具有组织机构系统化、导师指导专业化、宿舍功能多样化、通识教育体系化和第二课堂丰富化等特点，是对传统学校教育的有益补充。

双十中学秉持为党育人、为国育才的初心和使命，以培育各行各业德才兼备的创新型领军预备人才为育人目标，通过构建学生全面发展的"四位一体"拔尖创新人才基础培养路径，挖掘和激发学生的拔尖创新人才潜质，为学生的终身发展奠基。

第二节　基于价值驱动型学术高中的书院制探索

从宏观角度来看，知识经济的到来、国际竞争的加剧都对中国经济增长方式和产业升级提出了更高的要求，进而要求各级教育培养具有创新能力、持续学习能力、积极上进精神的新一代。在探索普通高中育人方式改革的路径中，办学术型高中也是许多国内高中名校的共同选择。

---

① 陈晓斌，龚诗昆.现代大学书院制教育模式的建构路径——评《现代大学制度视域下的大学书院制研究》[J].高教学刊，2019(4)：52-54.

双十中学，这所承载着辛亥革命历史记忆的学校，以其独特的命名方式，彰显着深厚的历史底蕴和崇高的使命。在双十中学，爱国、爱乡、爱校的浓厚氛围无处不在，深深烙印在每一位师生的心中。学校注重培养学生的爱国情怀和民族精神，让他们深知自己肩负的历史责任和社会使命。同时，学校也倡导师生们热爱自己的家乡和母校，将个人的成长与家乡的发展、母校的荣誉紧密相连。

值得一提的是，学校注重培养学生的综合素质和人文精神，而非仅仅追求分数和升学率。在这样的教育环境下，学生们可以更加自由地选择自己的发展方向，追求自己的兴趣和梦想。

因此，在双十中学，学生们选择未来职业并不是由学校指定或迫于外界压力而作出的决定，而是通过学校历史积淀已久的人文传统和核心价值观来唤醒内心的价值驱动，自发地产生对未来的憧憬和追求。这种价值驱动让学生们更加明确自己的目标和方向，也让他们在未来的职业道路上更加坚定和自信。

一、价值追求：五大书院和价值驱动的关联

那么，如何实现书院建设与价值驱动型学术高中建设的有机结合？在价值驱动型学术高中建设的过程中，是否能够有效汲取书院制的宝贵经验，进而实现育人模式的有效转型？

从现代意义上，中学的书院制育人模式的本质，是教育组织方式的变革。书院制实际上是学生在导师引导下规划教育路径，在课堂之外为学生提供全方位的学习和兴趣活动，为不同年级、不同选科的学生以及导师营造一个关系密切、互动交流的师生社区。[1] 中学的书院制建设更多采用辅助式协同模式，即书院并不是独立的功能性组织机构，而是主要负责学生的通识教育和第二课堂等，并通过发挥校园文化的教育影响

---

① 卫新，张惠钰，施怡.为每一个学生创造主动发展的最大空间——江苏省苏州中学书院制育人模式的实践研究[J].江苏教育研究,2018(C2):44-47.

力辅助承担学生管理职能。

基于以上认识，双十中学的书院制建设既继承了中国古代书院"师徒制"的传统，又在管理模式上借鉴西方书院制的精华，构建起师生间、学生间平等尊重、和谐共生的优质教育生态。为了满足具有创新潜质的资优学生的个性化需求，双十中学积极实施因材施教的教育理念，通过融合"书院制"和"导师制"的方式，设立了拔尖创新人才基地班。这一举措旨在提供一个更加个性化、专业化的学习环境，以培养学生的创新思维和实践能力。

在拔尖创新人才基地班建设中，双十中学创造性地构建了"5＋2＋2＋N"人才培养方案。这一方案包括四大核心要素：

首先，"5"即"构建五大书院"，旨在为学生提供多样化的学习平台和资源。这五大书院分别涵盖人文、科学、艺术等多个领域，学生可以根据自己的兴趣和特长选择加入相应的书院，进行深入学习和研究。书院制不仅提供了丰富的课程资源和学术氛围，还为学生提供了与志同道合的同学共同学习、交流的机会。

其次，"2"即"立足人文和科学"，体现了双十中学对全面素质教育的重视。学校注重培养学生的人文素养和科学精神，通过跨学科的学习和实践，使学生具备更加宽广的视野和深厚的素养。这种综合性的培养方式有助于学生在未来的学习和工作中更好地适应和应对各种挑战。

再次，"2"即"依托校内外双导师"，这是拔尖创新人才基地班的一大特色。校内导师主要负责学生的日常学习和生活指导，而校外导师则来自各个行业的领军人物或专家学者，他们为学生提供实践机会和职业发展建议。这种双导师制使得学生能够在学术和实践两个方面得到全面的指导和支持，有助于培养学生的创新能力和实践能力。

最后，"N"即"开设 N 门高阶课程"，这是为了满足学生个性化发展的需求。这些高阶课程旨在提升学生的专业素养和综合能力，包括前沿科技、创新思维、领导力培养等多个方面。学生可以根据自己的兴趣和目标选择适合自己的课程，进一步拓宽知识视野和提升综合素质。

通过实施"5＋2＋2＋N"人才培养方案，双十中学为具有创新潜质的资优学生提供了一个更加个性化、专业化的学习平台。这不仅有助于培养学生的创新思维和实践能力,还能够为国家的创新发展和人才培养作出积极贡献。

此外,"价值驱动"是双十中学办学的最主要动力,因而各个书院结合学科特性,确立了本书院的价值追求:

九章书院,侧重数学学科领域,致力于培养具有数理思维、逻辑推理能力和各方面全面发展的人才,汇集了对数学学科和其终极奥义充满热爱的双十学子。

墨子书院,侧重物理学科领域,致力于培养能够以物理学视角认识客观事物本质属性、内在联系的方式,并基于事实证据和科学推理进而提出创造性见解的人才,汇集了具有物理观念和科学思维的双十学子。

时珍书院,侧重生物学和化学学科领域,致力于培养能够以生物化学的基本理论来解释各种生物学现象,有较强的理论思维能力的学生,汇集了未来想要从事生物化学方向研究的双十学子。

天河书院,侧重信息学学科领域,依托信息学竞赛,培养学生信息素养,以达到推动技术应用能力素质的拓展,同时具备良好的信息思维,以适应现代信息社会。

求阙书院,侧重人文社科学科领域,致力于培养具有精深的人文专业知识和广阔的跨学科事业的人才,汇集了对人文社科饱含热忱的双十学子。

各高校导师通过线上线下相结合的方式,为学生开设了一系列高阶课程,这些课程不仅拓展了学生们的学术视野,也激发了他们深入研究的兴趣。通过线上平台,导师们能够突破地域限制,将最新的学术研究成果和前沿知识传递给学生;而线下教学则提供了更加直接和深入的互动机会,让学生们能够亲身感受学术氛围,与导师们面对面交流。

同时,导师们还积极带领学生走进高校实验室,让学生们亲身体验科研工作的魅力,开展兴趣和任务驱动下的体验式、探究式学术研究。在实验室中,学生们能够接触到先进的科研设备和技术,参与课题研究的全过程,从而培养起独立承担课题的能力。这种实践性的学习方式让学生们能够将理论知识与实际操作相结合,深化对学科的理解和应用。

通过这一系列举措,双十中学打通了基础教育和高等教育之间的人才培养壁垒,为学生们提供了大中学共育人才的一体化平台。这一平台不仅实现了拔尖创新人才培养的无缝衔接,也为学生们提供了更加广阔和多元的发展空间。

2023年10月,学校获"丘成桐少年班"授权,恰逢学校104周年校庆,双十中学2023级丘成桐少年班开班仪式在枋湖校区隆重举行。丘成桐班仍旧依托五大书院建设,希望给"崇尚科学、身心健康、成绩优秀、具有突出潜质和特长"的学生一个成长的平台,让他们通过丘成桐班的培养,能够成为真正"有能力、有抱负、懂科学、有文化、有内涵"的领导人才,助力中国科技进步。从书院制、英才计划、基地班到丘成桐班,学校的拔尖创新人才培养模式逐层升级至5.0版本。丘成桐班学生的培养,将在原有成熟的培养机制中把数学作为特色项目进行加强。同时,在书院制与导师制的基础上加强5个"学"——学科融合、学历贯通、学习同步、学习氛围、学为所用。

二、价值驱动型学术高中书院制育人模式的课程架构

课程作为实施人才培养的核心环节,其设计与实施方式直接关系到学生的知识获取、能力培养以及创新思维的激发,在拔尖创新人才的基础培养中扮演着举足轻重的角色。传统的"三中心理论"虽然在一定程度上有其存在的合理性,但随着时代的进步和教育理念的更新,其局限性也日益凸显。该理论过分强调教师、课堂和教材的中心地位,忽视了学生的主体性和个体差异,使得课程设计往往以学科为中心,缺乏对学生创新思维和核心素养的关注和培养。

双十中学在拔尖创新人才的基础培养方面,展现出了前瞻性和创新性。学校坚持以学生为中心,注重学生的活动和经验,构建了走向统整的"逐梦·追善"学术课程体系。这一课程体系不仅强调国家课程的核心地位,还兼容衔接课程、生涯课程、国际课程和特色课程,形成了"大中

小"一体贯通的课程群。这一创新性的课程体系设计,旨在为学生提供更加多元化、个性化的学习体验,满足不同学生的需求,为拔尖创新人才的培育提供有力支撑。

通过构建丰富多元、一体贯通的课程体系,学校希冀打破传统教育模式的束缚,让学生能够更加主动地参与到学习中来,发挥自己的主观能动性,培养创新思维和核心素养。同时,学校还注重课程的贯通性和衔接性,确保学生在不同学习阶段都能够得到连贯、系统的培养,为未来的学术研究和职业发展打下坚实的基础,为拔尖创新人才的基础培养注入新的活力。

(一)一体贯通的基础课程

双十中学在拔尖创新人才的基础培养上,通过精心设计的课程体系,实现了规范性、连贯性和前瞻性的完美结合。基础课程作为整个课程体系的基石,包括国家课程、衔接课程和生涯课程,不仅深根固本,还一体贯通,为学生提供了全面而深入的学习体验。在拔尖创新人才培育的探索中,学校持续完善标准规范的基础课程。此外,在严格落实各学科国家课程标准、规范使用课程资源、合理实施课程评价的基础上,双十中学放眼基础教育阶段学生发展核心素养的形成过程,设置了小初、初高、高大三种衔接课程,弥补了小学、初中、高中和大学各学段之间学科知识"衔接乏力"的缺陷,助力学生全面发展。

双十中学有与大学共同开发优质课程的基础。双十中学是福建省最先引进大学课程,让高中生在高中阶段获取大学学分的学校。早在2001年,学校便与厦门大学合作,开发高中生挑战性课程,引进大学学分课程。近年来,学校也充分利用各大高校的教育资源,依托超星尔雅系统和慕课系统,将大学的著名专家、学者的课程链接到书院制学生的学习生活中。大学先修课程的落地实施,完善了书院制的基础课程建设;开展创新后备人才的培养试验,为学校实施学生创新精神和实践能力奠定了坚实的基础,积累了丰富的经验。

（二）开放多元的国际课程

双十中学有与国外交流和合作办学培养人才的基础。21世纪以来，学校加强了与国外中学教育的交流，与美国、英格兰、日本、韩国、澳大利亚等诸多中学结成姊妹学校，并与澳大利亚等学校合作办学，开办中澳试验班，既引进了国外的优秀师资和优质教育资源，又选派本校师资赴国外交流、学习和考察，从而拓展了教育视野，激发了教育活力，形成了新的教育理念，产生了新的教育经验。

双十中学在拔尖创新人才的培养过程中，不仅注重国内优质教育资源的整合，还积极引进国际先进的教育理念和方法，为学生打造了一个国际化的学习平台。通过与国际课程的深度融合，学校为学生提供了更加广阔的学习视野和更加丰富的学习体验。国际课程以全外教全英文的形式开展，旨在帮助学生提升英语语言能力，同时了解国际前沿知识和文化。课程中涵盖了英文演讲与辩论、国际研学、模拟联合国等丰富多彩的主题教学和实践活动，这些活动不仅有助于提升学生的综合素质，还能够培养学生的国际视野和跨文化交流能力。

此外，学校与教育部国家留学基金委联合推行的"英语课余学习计划"更是为有意出国留学的学生提供了宝贵的机会。该计划针对学生的实际需求，为他们量身定制了能力提升课程和留学项目，帮助他们提升英语水平、增强综合素质，为未来的留学申请和海外学习生活做好充分准备。通过参与这一计划，学生们能够近距离接触国际教育平台的优质资源，获得关键能力和综合素养的提升。这不仅有助于他们在留学申请中脱颖而出，还能够为他们未来的国际交流和职业发展奠定坚实的基础。

总之，通过与国际课程的深度融合和与教育部国家留学基金委的合作，双十中学为学生提供了一个更加国际化、多元化的学习平台。这不仅有助于培养具有全球视野和创新精神的拔尖创新人才，还能够为我国的国际交流和合作培养更多优秀的人才。

在书院制的国际课程建设中，学校力求为学生打好三大基础：一是文化素养基础。一方面重视祖国优秀传统文化的承习和民族优秀精神的培养,另一方面为学生介绍国外文化,尽量深入地了解外国的文明历史、教学模式、风土人情和生活习惯等,为学生夯实留学所必备的文化基础,奠定精神底色。二是国外语言能力基础。一方面夯实母语的基础,重视母语第一语言的基础作用,另一方面夯实英语作为第二语言的基础,如在高一阶段开设基础英语和商业英语,高二阶段在延续基础英语的同时,使用外文教材,由外籍教师实施教学,强化雅思的听力、口语、阅读、写作训练,并充分利用课余和节假日,开展英语口语交流,让学生唱英文歌曲,演英文小品,进行英文演讲和英文歌舞等,为学生出国学习和生活打下坚实的语言交际基础。三是学科知识基础。数理化生是学生发展科学素质、形成科学创新能力的基础。依托国际课程建设,书院能够为学生提供更为多元、个性化的成长路径,有效地拓宽了拔尖创新人才培养的途径。

（三）突出个性的特色课程

在拔尖创新人才的培养上,双十中学展现出了一种全面而细致的教育理念。学校深刻认识到,拔尖创新人才并非仅限于科技创新领域,而是广泛涵盖人文、艺术、体育以及各个学科领域的杰出人才。因此,学校设计了特色课程,旨在满足不同个性特长学生的需求,促进他们的个性化发展。

在科技创新领域,学校开设了一系列前沿科技课程,如人工智能、机器人编程等,为学生提供了接触和了解最新科技发展的机会。这些课程不仅培养了学生的科技素养,还激发了他们的创新精神和实践能力。

在人文艺术领域,学校注重培养学生的审美情趣和人文素养。通过开设文学、历史、哲学、音乐、美术等课程,学校引导学生深入探索人类文化的精髓,提升他们的综合素质和人文情怀。

在特色体育方面,学校充分发挥体育在人才培养中的重要作用。通过开设各种体育选修课程,学校让学生在锻炼身体的同时,也培养了他们的团队合作精神和竞争意识。

　　此外，学校还开设了学科竞赛课程，针对各学科的优秀学生进行深入的培训和指导。这些课程旨在提升学生的学科素养和竞赛能力，为他们在各类学科竞赛中取得优异成绩提供有力支持。

　　通过这一系列特色课程的加持，双十中学为不同个性特长的学生提供了广阔的发展空间和个性化的学习路径。这不仅有助于培养学生的兴趣和特长，还能够激发他们的创新精神和探索欲望，为培养更多拔尖创新人才奠定坚实基础。

　　如书院开展的天文教育和通用技术创新等课程，突出知识课程与技术课程双线发展、知识学习与技能磨炼双向整合的特点，切实把技术教育与科学教育统一起来，与学生的科学兴趣、创新精神和实践能力的培养结合起来，使通用技术课程成为学生"小发明、小创造"的舞台。

　　一是生活化。把课程植根于社会生活之中，引导学生深入观察日常生活，对富有思考、探究意义的科学现象和问题进行本质性的、深入性的、拓展性的认识，由此提出问题，引发联想，形成假设，开展实验和探究。二是应用化。把知识经验直接与社会生活技术需要嫁接，充分运用知识经验去解决生活实践中的应用性问题，在应用中获得新知识、新技能、新思维的能力，形成知识运用和智慧增长的思维源。三是技术化。强调动手操作、设计、实践创新能力的提升，引导学生把从观察、思考、探究中产生的设想和方案尽量用技术的形式表现出来，增强学生技术转化的意识和能力。四是创新化。倡导在实践尝试中大胆创新，具有创新的综合能力和人格特质，以及创新的坚定志向和无畏精神。

　　特色课程旨在为拔尖创新人才基础培养提供个性化课程，开垦拔尖创新人才成长的沃土，为具有创新潜质的资优学生提供获得创新乐趣的实践平台。通用技术创新、天文教育、航模科技、科学思维基础等课程，紧密结合学校的科学教育途径，尊重学生的求知欲和好奇心，顺应学生的天性和灵性，突出科学教育的生活化、应用化、技术化、创新化，引导学生把学科学习与科学学习统一起来，积极开展探究活动和创新实践，形成观察科学现象和发现科学问题的习惯，提高动手操作和科学应用能力，巩固科学基础和科学兴趣，发展科学思维和科学能力，形成严谨的科学态度和实事求是的科学精神。

综上所述,国家课程、衔接课程和生涯课程构成深根固本、一体贯通的基础课程,国际课程侧重有出国留学意向和提升英语水平需求的学生,特色课程则侧重具有"拔尖创新"潜质的学生。各类课程把"立德修身,尊重个性,五育融通,全面发展"作为实施原则,并融入日常课堂教学和学习实践活动中,通过开展"问题式""主题式""项目化""跨学科"等课堂教学方式改革,激活学生创新思维,引导团队合作探究,探索指向学术素养培育的课堂教学和实践活动模式,多角度、全方位、立体式丰富拔尖人才基础培养的载体。

三、价值驱动型学术高中书院制育人模式的教学样态

书院制育人模式注重培养学生的自主学习能力,强调学生的主动学习、学会学习,以在书院中经由朋辈互助的方式促进学生全面发展,从而把学生培养成自主性强、能动性高和创造力强的社会主体。学校始终认为,推进新时代育人方式改革的关键在于创新课程设计和转变教学方式。学校通过变革课程设计和实施的时间与空间,整合学科内资源和跨学科资源,引导学生发现现实生活中的真实问题情境,激发学生主动提出具有创新价值的实际问题,结合可动手、可探究、可合作的实践性任务,让学生运用所学知识和工具对收集的资料进行问题分析,在解决问题的同时,开展相关成果展示活动,促进学生由单向被动学习转变为多向互动学习。

在书院制建设中,学校通过多种途径,为学生的主动学习提供了有力的保障。一是以学生、活动和经验为中心,经由校园大型活动的筹办提升学生的组织能力和多方面素养。同时控制学生校园活动的总量,在活动后学会转身,保证学生的学习质量。二是授之以渔,为学生提供各类解决问题的方法指导,如每年寒暑假邀请优秀的师兄师姐向五大书院的学生们分享学习经验,让学生在时间管理、学业管理等方面找到适合自己的方法。三是课内外相结合,开展各类可供学生自主选择参与的校

本课程、综合实践活动和社团活动。每周三下午,学校为同学们开通了90分钟的社团活动日时间,能让学生发现自己的专长,在展示交流的平台上获得更多成功的体验,以此激发学生的内在动力,调动学习积极性。此外,五大书院还定期借助微信公众号平台推出"荐书"视频,分享各自学科领域内的优质书籍,希冀通过荐书活动充分调动学生的阅读积极性、主动性和创造性。

综上,拔尖创新人才基础培养要遵循学生的认知规律,通过基于问题导向的启发式、案例式、探究式等多元化教学方式,让学生在思考、实践、交流和展示中亲身体验知识生成和应用的过程,探索创新解决问题的方法和策略,从而提升学生创新思维品质和问题解决能力。

第三节　五大书院:双十中学书院制建设的具体实践

在当今世界多元融合、多元发展的背景下,培养拔尖创新人才已成为教育的重要使命。正是基于这样的认识,双十中学于 2022 年 7 月提出了创立拔尖创新人才基地班的构想。这一构想的提出,既展示了学校对学生个性化发展的高度关注与精准把握,也体现了学校对国家教育发展方向的深刻理解和积极响应。

从基础教育阶段开始,双十中学就积极发现、孕育并系统培养拔尖创新人才苗子。这一做法不仅有助于提升学生的综合素质和创新能力,更为国家培养各行各业的创新型领军预备人才打下了坚实的基础。通过寻求改革、解决矛盾,双十中学不断探索培养拔尖创新人才的机制和模式,从书院制、英才计划、基地班到丘成桐班,育人模式探索已发展到5.0 版本。这一系列的探索和尝试,无疑为学校的拔尖创新人才培养工作注入了新的活力和动力。

一、书院制育人之基——制度建设

书院制是一种充满活力和创新性的学习方式，它充分体现了因材施教的教育理念。在这种制度下，学生被鼓励根据自己的兴趣和特长进行深入学习。这不仅有助于激发他们的学习热情，更能促进他们在特定领域内的专长发展。不仅如此，书院制以平辈互动、生生互助的方式促进学生的共同进步。这种方式不仅有助于提高学生的学术水平，还能培养他们的团队协作和沟通能力。

（一）书院设立与特色

目前，学校设立了九章书院、墨子书院、时珍书院、天河书院和求阙书院，这5个书院分别代表了数学、物理、生化、信息学和人文社科五大不同方向。学生可以根据自己的兴趣和特长选择进入不同的书院，并且也有机会按照自己的意愿申请书院或转院。

（二）书院与行政班级的教学差异

行政班级主要负责传授"硬"知识，即传统学科的基础知识和技能。书院则侧重于授予学生"软"技能，这些技能可能包括批判性思维、团队合作、创新能力和实践技能等。

（三）书院制的学习方式

（1）研究性学习：学生需要在书院内围绕一个论题进行深度学习，从选题到完成论文的全过程都需要自行负责。

（2）深度学习：书院制要求学生进行深度学习，这通常意味着他们需要更加深入地理解和探索某一论题，而不仅仅是表面的知识掌握。

（3）合作探究式学习：学生不仅可以在本院内组队完成课题，还可以邀请其他书院的同学进行跨学科的合作。这种跨学科的合作为学生提供了更广泛的视角和合作机会。

总而言之,书院制通过创设学习社团和学术型小团体,打破了行政班级和学科的限制,使得学生可以更加自由地选择学习内容和方式。

在双十中学,书院制不仅提供了丰富的学习资源和活动平台,还为学生创造了与志同道合者共同交流、分享和成长的环境。更重要的是,书院制强调跨学科的合作与交流,这使得学生能够跨越传统学科的界限,拓宽视野,增强综合素质。通过与不同领域的学生合作,学生可以学习到更多的知识和技能,培养跨学科思维和解决问题的能力,为未来的学习和职业生涯奠定坚实的基础。因此,书院制不仅是一种学习方式,更是一种全面育人的教育模式,它有助于培养具有创新精神和实践能力的高素质人才。

二、书院制育人之精——导师引领

校内外"双导师"制是学校书院制育人的鲜明特色。学校在全校遴选各学科名师,组成导师团队,这其中不乏一些"明星教师"。比如,喜欢带领学生长跑,锻炼学生意志力的数学竞赛金牌教练张瑞炳;善于将化学知识改编成流行歌曲,让试卷"唱歌"的特级教师肖培林;博古通今、富有才情,在微博圈小有名气的"厦门仙森"许鹄翔;带出数个高考英语单科省状元,有着"福建英语教学领军之王"美誉的王庆华……

双十中学把选择导师的主动权留给了学生,学生根据自己的优势科目、兴趣点、未来发展方向来匹配合适的导师。每名导师负责3~4名学生,每周至少有一次一对一指导交流。除了关心学生学习、生活、心理等各方面的问题,导师还要辅导学生以学期为单位进行一项研究性课题,并完成论文的写作。学校通过一对一的个性化教学、精英学生组队的思想交流与碰撞,给予学子们更高的平台、更广阔的视野、更科学有效的指导;通过引入特色讲座拓展学生的知识视野,开办特色课程提升学生思维品质,举行特色活动提升学生综合素质,布置特色任务落实学生知行合一,并建立三年一贯的学生成长跟踪机制,问计于师,问需于生,做到老师为主导,学生为主体,因材施教,全面发展。

不同于以往的高校导师见面会,基地班的校内导师见面会,关注的不仅是学生的学习、生活状况,更关注对学生进行思想引导、心理疏导、和生涯规划指导。2023年1月,学校以线上会议的形式开展了2022级拔尖创新人才基地班校内导师见面会。本次见面会以"你好,2023│越向上,越有光"为主题,导师们根据五大书院的不同领域特点,与同学们进行了个性化的探讨交流,对同学们的寒假学习方法和长远规划进行了针对性和前瞻性的指导。见面会后,同学们纷纷表示受益良多。中学阶段是学生人生观、世界观和价值观形成的重要时期,导师制下推动师生建立民主平等的和谐关系,有助于师生展开开放而深入的对话,以此拓宽学生的视野,发挥对学生的正向引导作用。

三、书院制育人之特——第二课堂

学校成立学生发展指导中心,与国内多所高校建立合作关系,探索基础教育与高等教育衔接培养人才的新模式。例如,与清华大学合作开设人工智能大-中衔接课程,与同济大学合作建立人工智能实验室,与哈尔滨工业大学合作开设小卫星班,与华东师范大学共同创建"国际数学奥林匹克研究中心厦门实践基地"等。

在课程设置上,学校为拔尖创新人才基地班打造专属的系列高阶课程,组织基地班同学完成职业生涯规划测试,举办拔尖创新人才培育系列讲座等,旨在打通基础教育和高等教育的壁垒。其中,人文讲坛让学生了解文学、历史、哲学、美学等方面的价值,探索人文精神、人格养成、人生发展的教育,提高人生价值判断的能力,明确做人的准则、做人的道理、做人的底线、做人的意义,努力求善求美。科普讲坛让学生了解自然科学、社会科学的作用,接受科学精神、科学原则、科学规律、科学真理的教育,提高科学判断的能力,明确做事的准则、做事的道理、做事的底线、做事的意义,努力求真求实。

在听完同济大学医学领域专家章小清教授带来的《精彩医学与医学相关人才培养》线上讲座后,高一的同学们领略了医学的神奇与魅力,这进一步激发了他们对医学领域的热情。张语潼同学说："教授言语间处处透露着的，是他对于孜孜不倦的医学科学家们不断奋斗而推动现代医学发展的自豪。那样的热情，也使我们情不自禁地想敲开精彩的医学大门，对那片科学与理性、实验与思考的世界充满了好奇。"

感受理性之美、挖掘思想之深、见证文理碰撞、开拓国际视野，每一次的讲座交流更是一次心的交流，亦是一次新的征程、新的期望。这既凸显价值驱动型学术学校的办学特色，也为基地班学子拨散前行的云雾，点亮未来的明灯。

四、书院制育人之美——文化环境

梁漱溟先生说，文化就是一个族群生活的样式。为了让每一位书院学子都感受到书院的学术氛围、感慨于它的学术文化，在资源保障方面，学校为五大书院开辟专门场所，用于书院日常活动的开展。同学们根据书院的学科特色动手布置，自己设计 LOGO，制作旗帜、徽章、手环、书袋，场所焕然一新，小小书院场地成为同学们的另一个"家"。通过书院的文化建设，将书院特色深深印记在每个细节之中，增强同学们对书院的认同感和自豪感。

信息时代背景下，学校依托智慧校园建设能给予各书院更多的校本化、特色化课程资源。例如，学校尝试建设凝练着各个学科备课组和教研组集体智慧的校本题库，也将应用于五大书院学生的日常学习生活中。此外，学校也将更多运用信息时代的智慧成果，如将智能化的数据处理等应用于改进和提升书院制的建设，让书院制的学习内容、学习方法和资料获得更趋个性化、便利化。

拔尖创新人才基地班的建设，书院制的探索实践，更多是学校对教育理念、模式的探索，以此助推学生内涵式的发展，为学生的一生奠基。课改进行时，发展无止境。以人文精神为支撑，以优质教育为根本，双十中学要办的是人民满意的教育，是对学生实实在在有用的教育，这就是学校在课程建设方面努力的方向。

不囿于掷地有声之口号,不止于高屋建瓴之宣言。从书院制、导师制、英才计划,再到拔尖创新人才基地班、丘成桐少年班,双十中学一直在探索符合时代要求的人才培养模式,聚焦夯实基础,打牢"基本盘";聚焦顶层设计,提升"新高度";聚焦课程建设,夯实"主阵地";聚焦淬炼实操,突出"双十范",让每一位双十学子从双十出发,向未来生长。

未来,双十中学将一如既往地坚守校训"追求极善,勇为最先"的精神气质、与世界相通的包容开放心态,不断发展和完善适合不同学生发展的课程体系,尊重个性、主动发展、追求卓越,让每一个孩子都可以在这里做出自己的选择,构想未来的形状,追逐自己的梦想,并逐渐成长为最好的自己。

第七章
自组织：学术型教师专业发展的新形式

跨入 21 世纪，双十中学以建设价值驱动型学术高中为办学定位。价值驱动型学术高中是指通过构建指向学术素养的课程、文化、育人、师资以及资源支持等体系，激发师生内驱力和成长力，以文化价值的认同凝聚人心，共促发展，培养德才兼备的创新型领军预备人才的新时代学术型高中。其中，教师队伍建设是办好价值驱动型学术高中极为重要的基础工作。长期以来，学校努力构建基于自组织理论的整体性、系统化的学术型高中教师队伍建设新格局。

第一节　自组织与价值驱动

自组织理论是一种在没有外部指令条件下，系统内部各子系统之间能自行按照某种规则形成一定的结构或功能的自组织现象的理论。该理论主要研究系统怎样从混沌无序的初态向稳定有序的终态演化的过程和规律。自组织理论源自物理学科，由"耗散结构理论""协同论""突变论"3 个部分构成。

"耗散结构理论"为系统自组织形成的环境和基础。组织建立伊始，由于组织中各要素物质和能量的差异，必然存在"开放""远离平衡""非线性"的基本特征。根据耗散结构理论的观点，远离平衡态、系统的开放性、系统内不同要素间存在非线性机制是耗散结构出现的 3 个条件。具有耗散性结构的系统在涨落力的作用下,就会自发完成从无序到有序、从低级系统到高级系统的演化。其中,微涨落引起未达到阈值的量变,不足以打破原系统的既有秩序,而巨涨落可导致系统失稳,引起质变,产生新的有序结构系统。耗散性结构系统具有耗散性及自主性两个重要特点,其中耗散性即系统可以进行自身的和代际的"新陈代谢",以获得持续的物质、能量、信息等的输入,从而得以运转和发展;自主性则意味着系统具备相对的独立性,具备对外部环境影响的抗干扰能力,呈现出"自组织"特性。

自组织理论运用于现代管理学领域过程中,诸多学者就"自组织"概念进行进一步阐释。苗东升认为"自组织系统的宏观调整和演化并非一蹴而就,而是在反复迭代中不断趋于优化;事实上,这类系统一般无法达到平衡态,而往往处在远离平衡态的区域进行永无休止的调整和演化"①。宋爱忠在对主要流派和相关学者的观点进行比较分析之后,批判性地提出任何事物都同时接受内部和外部的两种作用,若其秩序形成由内部作用主导,即是"自组织事物";外部作用主导则为"他组织事物"。②

根据宋爱忠的观点,自组织系统的可持续发展性取决于占据主导作用的内部因素的稳定性和持久性。同时,自组织由"耗散机制阶段""驱动机制阶段""触发机制阶段""有序机制阶段"4 个阶段构成。其中,"驱动机制阶段"之"驱动",原为计算机软件术语,是指驱使计算机里硬件动作的软件程序,驱动程序是硬件厂商根据操作系统编写的配置文件。在计算机中,无驱动程序计算机便无法运转。同样,驱动机制阶段是引发自组织系统自我更新、自我迭代的关键要素。

之于人,促进个人可持续发展的内部核心因素为个人价值观。价值观对动机具有导向作用,人们行为的动机受价值观的支配和制约。价值

---

① 苗东升.自组织与他组织[J].中国人民大学学报,1988(4):67-70.

② 宋爱忠."自组织"与"他组织"概念的商榷辨析[J].江汉论坛,2015(12):42-48.

观对动机模式有重要影响,在同样的客观条件下,具有不同价值观的人,其动机模式不同,产生的行为也不相同。动机的目的方向受价值观的支配,只有那些经过价值判断被认为是可取的,才能转换为行为的动机,并以此为目标引导人们的行为。之于企业,理查德·巴雷特在《驱动力:建设价值驱动型组织全系统方案》中明确提出"价值驱动型组织"概念。巴雷特针对全球超过 35 个国家的 500 个企业长达十多年的研究表明:全球最成功的企业往往都是以明确的愿景为导向,以价值理念为驱动的企业。之于学校建设,价值驱动型是指由学校全体师生员工共同认可的价值认同体系驱动下共同完成学校教育教学各项工作,并由此形成对这一价值体系的再认同的一种学校发展动力模型。以价值驱动型为学校发展动力模型的学校,具有持久而温和的教育发展动力。由此可见,以价值观为驱动的自组织系统是可持续发展的关键。"价值驱动型学校",在管理层面,是以学校核心价值观的建构、反思和实现作为管理活动;在文化层面,是指其文化地图清晰,师生因共同认可的价值观联结在一起,形成一种文化认同,产生自觉、自发、自动的状态。

以价值观为驱动,促进自组织系统可持续发展的理念,同双十中学"价值驱动型学术高中"的办学定位相契合。双十中学具有百年发展的人文积淀,从辛亥革命伊始建校,始终高举"爱国""为民"旗帜。学校创办之初,就是为了纪念辛亥革命,以为国、为民培育优秀人才作为自己的使命;再到内迁平和,坚持办学的同时成为我国东南地区的抗日策源地;新中国成立后,荣获多项国家表彰,为我国各行各业培养领军人才。不忘初心、牢记使命,学校在每个历史时期,都能勇立时代潮头,引领时代风气之先,葆有"爱国、爱乡、爱校"情怀,奋勇前行的先锋力量。作为价值驱动型学术高中,学校积极构建以学术型学校为办学目标,以价值理念为驱动的自组织系统。以学校核心价值观、育人目标、办学目标、校训校徽构成的学校核心价值体系作为价值理念驱动,贯彻落实于学校管理、课程建设、课堂教学、教师发展、校园环境等各个领域,呈现出"群体本位""家隐喻""人际和谐"的校园文化特点。由此,双十中学这所因辛亥革命命名的学校,教师具有为党育人、为国育才的使命担当;学生具有成为祖国栋梁的崇高使命；学校具有爱国、爱乡、爱校的浓厚氛围。学校不以功利为目标，有文化治校的优良传统。在此文化氛围中，双十中学的教师在学术型教师发展道路上的发展是在双十文化熏陶下的自觉选择，而不是学校的强行指派。

在学术引领和价值驱动的学校定位下，本校教师已然意识到由"知识型教师"向"学术型教师"转变的必要性，自觉朝"学术型教师"的方向自我发展。

校本教研体系对教师专业发展和教师队伍建设具有基础性的作用，是推进学术型教师培养的重要路径和主要抓手。学校的教师发展以价值观为驱动，具有构建自组织校本教研系统的重要动因。由此，学校校本教研体系采用自组织体系，以校园历史文化、学术建设、课程体系建设和教师生涯发展构筑为驱动机制阶段，推动校本教研体系持续有力地自我更新发展。

第二节　基于自组织理论的校本教研体系

校本教研是"以校为本的教学研究"的简称，是指以学校为基地，以学校内教学实践中的实际问题为研究内容，以教师为研究主体，以促进师生共同发展为研究目的所开展的教学行动研究活动。校本教研的目的是针对性地解决教学，尤其是课程改革过程中的各种具体问题，同时构建民主、开放、高效的教研工作机制，调动全体教师的积极性与创造性，努力将教研组建设成为学习型的组织，引导广大教师形成一种新的职业生活方式——在学习状态下工作，在工作状态下研究。校本教研体系对教师专业发展和教师队伍建设具有基础性的作用，是推进学术型教师培养的重要路径和主要抓手。

2019 年 11 月，教育部印发《教育部关于加强和改进新时代基础教育教研工作的意见》中指出，按照《中共中央　国务院关于深化教育教学改革全面提高义务教育质量的意见》要求，进一步完善国家、省、市、县、校五级教研工作体系，首次以正式文件的形式将"校本教研"纳入五级教研工作体系，体现国家对于基础教育阶段学校建设"校本教研体系"的重视。在《普通高中课程方案》中明确倡导"建立以学校为本的教学研究制度"，学校应建立以校为本的教学研究制度，鼓励教师针对教学实践中的问题开展教学研究，重视不同学科教师的交流与研讨，建设有利于引导教师创造性实施课程的环境，使课程的实施过程成为教师专业成长的过程。在国家高度重视下，校本教研迅速在全国普及。校本教研是"以校为本的教研"，是将教学研究的重心下移到学校，以课程实施过程中的教师所面对的各种具体问题为对象，以教师为研究的主体，理论和专业人员共同参与，强调理论指导下的实践性研究；既注重实际问题，又注重经验的总结、理论的提升和教师的专业成长。总之，校本教研是由教师反思、同伴交流、专业支持三大因素构成的一种新的教研制度。

　　但是，在全国各中学构建校本教研体系的过程中，存在些许疑难杂症。其一，长期以来，我国课堂教学领域存在理论与实践的二元对立困境。理论研究者高屋建瓴的理论阐述和中小学教师贴合实际的实践经验存在一定程度的差距，难以实现互补和共进。同时，教师无法从"教学者"转变为"教育研究者"的教研角色，教师往往认为教研活动对于教学职业生涯缺乏实质性作用，因此缺乏对校本教研实践活动的敬畏之心和专业精神，"教"和"研"之间存在分裂的情形。其二，校本教研体系存在"自上而下"的固化模式。校本教研体系基本由教科院、教研室、教研组等多个层级自上而下构成，以上级部门指令为导向的校本教研活动存在形式主义和思维固化的危机。校本教研活动中教师交流、合作、互助、共享的应然转变为强调控制、完成指令的实然，削弱了教师参与校本教研活动的积极性，导致教师在校本教研活动中，存在批改作业、玩手机等情况。校本教研活动无法达到增进教师教学专业和研究能力的目的，甚至消解了校本教研活动的意义。其三，校本教研活动缺乏制度文化建设和合作文化建设。校本教研管理体系和教研评价制度的缺失影响教师校本教研的积极性和主动性；校本教研合作文化的缺失导致校本教研活动缺乏规范、凝聚、激励、强化的问题，仅仅以预设的内容进行，缺乏教研的深度和互动。

双十中学的校本教研体系构建过程中亦经历困境。其一，校本教研存在传统校本教研中"教研主体缺乏主动意识""教研内容缺乏规划意识""教研组织缺乏共生意识""教研理念缺乏更新意识"的问题。其二，校本教研同双十中学建设"价值驱动型学术高中"的办学定位存在不契合、不适配的问题。其三，理论与实践的二元对立关系，导致校本教研存在脱离教育教学具体实践、课程改革的问题。其四，校本教研活动存在不平衡的问题，主要呈现于教研组间发展不平衡，教师间发展不平衡，教师个人发展不平衡。

事实上，上述情况属于普遍现象，部分中小学以任务驱动、功利驱动、行政驱动的方式推进校本教研活动的有序开展，通过构建完整的教研制度和评价体系，以评价量表促进校本教研活动的落实。但是，以制度、功利、行政驱动所推动的校本教研活动，在一定程度上存在"有华无实"的形式主义隐忧，无法从内在驱动力激励教师可持续地、积极地参加校本教研活动，无法构建可持续发展的自组织校本教研体系。

针对现实问题和发展困境，双十中学积极探索基于自组织理论的价值驱动型学术中学校本教研体系建设。学校认为，价值驱动型学术高中的校本教研体系应具备以下特征：其一，校本教研体系应契合教师专业发展逻辑，打破"他组织"束缚，关注教师专业成长过程中不确定性、非线性、协同性、非平衡性等特征。其二，创设生态化的教研环境。生态化教研要求教研贯穿整个教育教学活动的始终，使教学的过程成为研究的过程，形成校本教研群体的自适应、去中心、非线性、生态化、学术性。其三，打通低质化的教研壁垒。通过自组织的各种生态化教育聚落，以触发机制为契机，打通学科、校区、年级甚至学段的教研壁垒，降低教研的低质重复，实现高质量的优势互补。其四，达成校园文化价值认同。在自组织系统不断地微涨落中，各教育聚落在价值驱动型校本教研中进一步形成价值再认同。其五，成就教师的个性化成长。在自组织教研群体中,充分尊重教师的个性,让每一位教师在自己所在的教育聚落、教研群体中获得教师生涯的成长。

在长期的校本教研实践中,学校的校本教研活动已呈现出自组织、生态化、学术性的基本特征,形成完整而具体的基于自组织理论的价值驱动型学术中学校本教研实践项目方案图谱。学校教科研群体已形成一个自组织、生态化、学术性的教育教学聚落,可分为常态性组织——备课组、教研组、竞赛教练组、年段德育队伍、教师共同体;临时性组织——课题组、项目组、教师沙龙。这些教育教学群落在校本教研的过程中都经历自组织运行的 4 个阶段:耗散机制阶段、驱动机制阶段、触发机制阶段、有序机制阶段(图 7-1)。

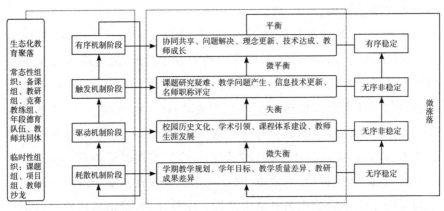

图 7-1　基于自组织理论的价值驱动型学术中学校本教研实践项目方案图谱

耗散机制阶段,因学校学年目标、学期教学规划和每个人的教学质量差异、教研成果差异形成了自组织成员之间的微失衡;驱动机制阶段,学校校园历史文化积淀、各组织引领者包括校内外名师、专家、学者的学术引领,课程体系建设的改革与完善,教师自我发展的需要等内外因素驱动组织成员对自身和系统外在环境的觉察,形成组织成员间的不平衡状态,从而引发教研活动;触发机制阶段,在具体事件即课题研究、教学疑难问题、信息技术革新、名师评定、职称评定等外界因素触发下,形成第一次的微涨落,在微涨落中,组织内部成员互帮互助,组织内部各要素的功能耦合,形成非线性作用,产生微平衡;有序机制阶段,通过各组织的自运行,成员间能协同共享学术资源、解决教育教学问题、完成教育理念更新和信息技术习得,最终获得专业成长。在有序机制阶段后期,在阶段性任务完成后,随着新学年的到来或者新的组织、新的课题、新的理论、新的问题产生等,自组织也由有序稳定进入第二次微涨落的状态,进入新的无序稳定状态,从而再次进入自组织运行的 4 个阶段。由此可见,双十中学的校本教研体系是一个可持续发展、逐渐完善的自组织体系。在自组织形成的校本教研活动中,呈现开放、不均衡、非线性、起伏涨落的特点,自组织成员以全校师生员工共同认可的价值体系为驱动,由名师、专家学者、先进教育教学理念为引领,共同构成有双十特色的校本教研运行体系。

在自组织理论引领下的价值驱动型学术中学校本教研体系的指导下,学校设立教师发展中心助推学术型教师成长。教师发展中心依托专业教育科研机构,聘请专家指导团队,发挥本校的名师工作室、校级教研员的力量,坚持"面向全体教师、培养青年教师、扶持骨干教师、塑造杰出教师"的原则,分类指导,重点突破,助力老师们实现"一年合格、二年优秀、五年成骨干、十年成名师"的专业发展目标;以"校本"为研修和培训的指向,帮助更好地开展学校各类教师培训,实现培训资源配置科学化、教师教育一体化,收获最佳的培训效益。

学校各学科教研组和备课组在每周年、每学期伊始均有规划,按照学期规划严格开展教研工作。目前,学校已经进行了形式多样的、效果显著的教研活动:一是利用多媒体教研,以研促教,让组内教师掌握方法,合理运用,以提高教育教学质量;二是技能形式的教研,根据各个任课教师的专项技能,安排教研计划,了解不同项目之间的教学方法和学习方法;三是论文、课题类的教研,请专家授课,共同研讨,提升写作水平,促进教师科研能力的增强。

以学校数学教研组为例,在双十严谨踏实的教学气氛中,数学教研组始终践行"潜心研学、务实求真"的教育教学追求,致力于培养学生的数学兴趣,让学生保持热爱钻研数学的热情,努力打造一批为祖国作贡献的数学家。新课改推进以来,双十中学数学教研组秉持"乐于奉献,拒绝平庸，敢为最先，不甘落后，团结协作"的优良传统，老中青三代教师相辅相成，在教育教学方面群策群力，创新发展。数学组全体教师通过理论学习，不断更新理念；强化集体备课，追求精研精教；重视每日批改，瞄准教学评价。目前，数学组是福建省首批高中数学基础教育课程改革实验基地校、福建省数学科基础教育高效教学行为研究实验校、中国数学奥林匹克联盟校成员、中国东南地区数学奥林匹克联盟成员。教研组采用"自我研习＋同伴互助"的校本培训模式，多位教师主持国家级、省级、市区级课题。截至 2023 年，学校主持教育部重点课题 2 个、省级课题 7 个、市级课题 12 个，形成了以课题促研究、以研究促教学的科学良性循环。

在自组织校本教研体系的推动下，学校教科研工作成绩斐然。截至 2024 年，学校共有 353 篇论文在 CN 级学术刊物发表，有 76 篇论文在市级及以上评比中获奖，有 79 项课题被立项为全国、省、市、区级课题，其中有 3 项为教育部重点课题，有 97 项全国、省、市、区级课题结题，其中有 3 项为教育部重点课题，出版了 12 部专著，在教师中树立起了"以学术研究促教学实践"的意识。

第三节　学术型教师的定位

党的十八大以来，习近平总书记十分重视教师队伍建设，他强调"教师是立教之本、兴教之源"①。在全国教育大会上，习近平强调指出，要"坚持把教师队伍建设作为基础工作"②。教师队伍建设由此成为教育

---

① 习近平向全国广大教师致慰问信[N].人民日报,2013-09-10(01).
② 张烁.坚持中国特色社会主义教育发展道路　培养德智体美劳全面发展的社会主义建设者和接班人[N].人民日报,2018-09-11(001).

的关键。教育本质上需要解决 3 个问题："为谁培养人""培养什么样的人""怎样培养人"。在国家的顶层设计之下，促使 3 个问题解决的恰恰是教育的另一个主体——教师。教师是教育过程的主体之一，占据主导地位。因此，教师的成长才是提高教育质量的关键、教育改革的原动力、学生发展的根本保障。习近平总书记在党的二十大报告明确提出："教育、科技、人才是全面建设社会主义现代化国家的基础性、战略性支撑"，进一步将教育和科技、人才关联衔接。在"人才强国"的战略引领下，双十中学重视拔尖创新人才的培养，关注构建学生的学术发展能力。基于新时代发展社会需求和教师之于教育的地位作用，学校积极探索教师转型方案。2018 年，《中共中央 国务院关于全面深化新时代教师队伍建设改革的意见》对新时代教师队伍建设作出顶层设计。在国家教育战略的引领下，学校基于现有的教师专业发展体系，以《中共中央 国务院关于全面深化新时代教师队伍建设改革的意见》《中国教育现代化 2035》等纲领性文件为纲要，结合本校的学校核心价值体系，积极探索与实践学术型教师培养模式。

双十中学以"价值驱动型学术高中"为办学定位，具有专业资质和重视学术的学术型教师，是建设学术高中的基础。学术型教师的培养是提高教育质量的关键、教育改革的原动力和学生发展的根本保障，是构建"价值驱动型学术高中"的必要前提。学术型教师培养模式的构建和组织源于相对明确的学术型教师定位。从现有的研究成果来看，有关学术型教师的定义主要有 3 种不同的观点：一是功能性定义，即学术型教师是能够培养学生的创造性，推动教学学术发展并提升教育质量的教师[①]；二是特征性定义，即学术型教师应具备先进的教育教学观念、构建高效的教学模式的能力、灵活多变的教学策略和高超的教学艺术[②]；三是过程性定义，认为学术型教师是能够将反思、探索、研究贯穿于教育实

---

① 石巧君,章喜为.教学学术型教师的价值实现研究：基于教学反思的视角[J].中国电力教育,2011(2)：41-42.

② 李海军.论学术型教师应具备的基本素质[J].中国教育学刊,2014(6)：81-84.

践过程中的教育者①。

双十中学将"价值驱动"和"学术高中"有机结合，有助于构建指向学术素养的精神文化、环境文化、制度文化和行为文化，来激发师生内在的驱动力和成长力，通过文化价值的认同凝聚人心。在双十中学"爱国""爱乡""爱民"的浓厚氛围影响下，学校教师具有"为党育人""为国育才"的使命担当；在学术引领和价值驱动的学校定位下，学校教师已然意识到由"知识型教师"向"学术型教师"转变的必要性，这是双十教师在双十文化熏陶下的自觉选择。教师意识到应在课程中渗透学术思维和学术方法，应关注学生学术能力的培养，应重视学生批判性思维和实证思维的培养，从而培养符合时代要求的学术型高中生。根据《中共中央 国务院关于全面深化新时代教师队伍建设改革的意见》《中国教育现代化2035》的文件纲领和实践指示，根据福建省厦门双十中学的历史沿革、办学目标、办学理念，学校对学术型教师进行综合定义。双十中学所倡导的学术型教师主要具有"高素质""专业化""创新性"的特点，即是在思想品德上具有高尚的师德师风，在专业上具有先进的教育理念和高超的教学能力，在思维上具有创新的思维方式的教师。

第一，"高素质"是教师的理想信念、师德素养、职业修养和情绪管理素养等综合素质的统一，能够指导教师实现长远发展。它体现在教师的4个特征上：一是在教育实践过程中能保持坚定的理想信念。增强"四个意识"，坚定"四个自信"，做到"两个维护"，坚持"四个相统一"，坚持正确的历史观、民族观、国家观、文化观，能够深刻领会习近平新时代中国特色社会主义思想并融入教育教学的每一个环节，做到启智润心、培根铸魂。二是具有高尚的师德素养和仁爱之心。抓好师德师风建设是打造高素质教师队伍的内在要求和重要保证，是确保教师"为谁培养人"的前提和基础，更是保证教师自觉践行立德树人根本任务的关键。双十中学始终将教师思想政治和师德师风建设放在首要位置，围绕落实立德树人根本任务，全面加强教师思想政治建设，提高教师的政治意识、政治能

① 叶澜.新基础教育研究和新型教师的培养[J].教书育人,2011(16):8-10.

力,严格落实师德师风第一标准,突出全方位全过程师德养成,推动教师
以德施教、以德立身。三是具有崇高的职业修养。教师应坚决执行党和
国家的教育政策,切实履行教育法和相关法律规定。四是具有良好的情
绪管理素养,热爱教育事业和教育对象,自身情绪调控能力强,能建立和
谐的师生关系,实现内部心理与外部世界之间的和谐。学术型教师应在
专业发展和学术发展的过程中,顺应时代发展潮流,加强德行修为,保持
事业定力,不断提升师德师风水平,担当新时代发展重任。①

第二,"专业化"是学术型教师的灵魂,指向学术型教师专业发展的
持久度。诚然,普通人成为教师需要历经教师资格证的测试,入职前的
专业培训,最终成长为符合教师专业标准的教师。然而,在双十中学"价
值驱动型学术高中"的引领下,"专业化"的概念和内涵远不止于此,"专
业化"不仅仅是"专业资格准入",更是专业精神、学科专业、教学专业和
学术专业的有机统一。

首先,保持专业精神,指的是具备深沉且持久的教育情怀和先进的
教育理念,拥有"用一个灵魂唤醒另一个灵魂"的精神自觉。党的二十大
报告强调,"我们要坚持教育优先发展、科技自立自强、人才引领驱动,加
快建设教育强国、科技强国、人才强国,坚持为党育人、为国育才,全面提
高人才自主培养质量,着力造就拔尖创新人才,聚天下英才而用之"。这
充分彰显现代化建设过程中教育所具备的基础性、优先性、重要性的地
位,使教师培养发展居于更加重要的位置。习近平总书记明确表示,我
国要培养全面发展的社会主义建设者和接班人,担当民族复兴大任的时
代新人。因此,教师的教育观念应紧跟国家教育发展方向。学术型教师
应具备先进的教育理念,积极响应国家教育号召,树立积极有效的教师
观、学生观、教学观、发展观等。

其次,学科专业是指教师专业的本体性知识。习近平总书记强调

---

① 邵志豪,解庆福.学术型教师:新时代教师发展的思考、定位与实
践——以东北师范大学附属中学为例[J].东北师大学报(哲学社会科学版),
2019(4):128-133.

"严格要求自己，不断完善自己"，其中的"严格"和"完善"对教师专业发展能力提出更高要求，尤其在当下的信息时代，教师更需要有终身学习的能力，进而不断提升专业能力。习近平总书记曾说，"在信息时代做好老师，自己所知道的必须大大超过要教给学生的范围，不仅要有胜任教学的专业知识，还要有广博的通用知识和宽阔的胸怀视野"。教师所应拥有的理想信念、道德情操、扎实学识、仁爱之心，都需要在教育实践中学习获得。教师要给学生一碗水，教师要有一桶水，甚至有一潭水，这就要求教师应始终处于学习状态，站在学科知识发展前沿，刻苦钻研，严谨笃学，不断充实、拓展、提高自己，进而做学生锤炼品格的引路人，做学生学习知识的引路人，做学生创新思维的引路人，做学生奉献祖国的引路人。①

再次，教学专业是指教师需要具备高效的教学策略。中国教育的发展始终坚持以人民为中心，为人民办公平而有质量的教育，促进社会的进步，让每个人都能通过自己的努力与奋斗拥有幸福美好的人生。在基础教育普及化和大众化的前提下，学校学生的数量不断增加。因此，提高教学效率成为研究重点。为了更好更高效地完成教书育人的任务，亟须改革传统以课堂讲授为主的教学策略，运用多样化的教学形式和教学方式，针对学情设计个性化的课程方案，实施更加智能化的教学管理方式。学术型教师需要具备运用有效教学策略构建高效课堂的能力和教育教学的艺术。

最后，学术型教师强调学术的专业性。1990年，美国学者博耶重构了学术体系，将学术概括为"发现的学术、应用的学术、综合的学术和教学的学术"4种类型。该观点扩展了学术的内涵，意味着学术研究不仅是发现新知识，扩展知识疆界，还包括将不同领域的知识加以整合，应用专业知识解决实际问题。② 作为学术型教师，其责任不仅仅是传授知

---

① 高慧斌.担当好人民教师的时代重任[J].教育研究,2018,39(9):20-23.
② 姚利民,綦珊珊,郑银华.大学教师成为教学学术型教师之路径探讨[J].大学教育科学,2006(5):41-45.

识,更应潜移默化地培养未来的学术人才。因此,教师需要具备较高的学术素养,能不断更新教育思想和学科专业思想,探索专业领域的学术前沿,在备课中赓续学术精神、融合学术思维,在日常教学过程中渗透学术精神,培养学生的学术思维能力。

第三,"创新性"决定教师的特色发展,指向学术型教师专业发展的高度。中国特色社会主义现代化的建设发展需要提高全体国民素质,培养拔尖创新人才,这需要整体性地提升教师能力,特别是创新思维的培养。2018 年 1 月,《中共中央　国务院全面深化新时代教师队伍建设改革的意见》针对我国目前教师队伍发展建设不平衡不充分的问题,明确教师培养发展的方向和目标,提出在 5 年之内实现教师规模和教师结构符合教育发展的需求;到 2035 年,培养批量骨干教师、卓越教师和教育家型教师。上述时代背景和意见实施呈现出教师发展的核心任务由规模扩大转向素养提升。在"创新驱动"的时代背景下,学术型教师的创新性的培养发展尤为重要。创新是教师能够通过反思与实践不断探索教育规律,发现并解决教育问题,推动教育教学发展的重要能力。主要表现在教师具有突破教育教学传统桎梏的精神和敢于探索突破的创新思维,有坚定的反思意识、敏锐的洞察力和强烈的探究意识,有将理论运用于实践的意识并重新构建理论的意识。同时,具备创新能力的教师可梳理整合实践中的教育教学问题,以学术理论的视角进行研究分析,从而产生新的教育理念或教育方法,以此解决教育实践中的新问题,从而实现教学创新和学术创新。

高素质、专业化、创新性 3 个特征决定了教师专业发展的广度、高度、深度,推动着一线教育者向学术型教师发展。当前,中国基础教育发展质量观已经发生转变,学术发展由大学下移至中学,中小学校发展同样需要学术支撑。诚然,中小学所追求的"学术"无法与大学相衡量,大学所追求的学术是专业学术,以学术为本位;中小学所追求的学术是教育学术和教学学术。教育学术是以自身教育过程为研究对象的学术活动,教师通过反思和研究教育过程、教育对象和教育效果,提出德育相关问题并加以研究。教学学术是一种以自身教学为对象的学术活动,教师通过反思和研究教学过程、公开交流教学研究成果以及创新发展教学的能力，提出有关教与学的问题并运用与学科相关的方法加以研究。教师若能将教育教学纳入学术范畴之内，坚持教育教学与学术的双重有机结合，便能突破中小学"重教学经验，轻学术科研"的发展桎梏，为学校的长久发展注入理性力量。

在基础教育的转型发展中，教师的发展质量观也已经发生转变。教师发展的瓶颈在由成熟型教师发展阶段向教育家型教师发展阶段转移，而教师学术能力的发展就是突破这一瓶颈，转向教育家型教师的关键突破口。教师的学术性成长，即教师将学术研究作为自身的工作习惯和生活方式，关注教与学中存在的问题并加以研究，最后解决问题、获得发展的过程。在这一方向引领下，教师需在知识掌握、课程开发、教学实施和课程评价等方面进行积极反思和探索，从而成长为教育理念先进、教学能力高超、学术能力强劲的新时代教师。

第四节　学术型教师的培养策略与路径

具备专业资质和重视学术的学术型教师，是建设学术高中的基础。只有师德高尚的教师，才能培养具有人文意识和问题意识的学生；只有具备专业技能的教师，才能培养具有学科意识和专业能力的学生；只有具有创新思维和探究思维的教师，才能培养具有创新意识和求索意识的学生。

但是，诸多学术型高中可持续发展有限的根本原因，恰恰在于学术型教师的质量上和数量上的不足。从高素质、专业化、创新性3方面进行原因探究：在高素质方面，由于我国人口众多，教师和学生的数量庞大，整体教师素质有限，但此基数上的问题会随着尊师重教社会风气的发扬以及教师发展培养政策的推行落实得到较大程度的改善。同时，进入中小学从事教育工作的教师学历已然逐步提升，越来越多高素质人才进入普通高中教育领域，在北京、上海、深圳等地域，硕博学历进入基础教育领域的情况已然屡见不鲜，形成了一定的发展趋势。在专业化方面，由于基础教育领域普遍存在升学压力，中小学教师以应试分数为导向，对于所任教学科的学科前沿发展趋势、教育教学理念乃至于学科专业知识鲜少涉足，专业化程度不断下降，成为专注于应试的教书匠，与学术专业化渐行渐远。在创新性方面，繁忙的教学工作以及同教育教学联系有限的行政性和事务性工作占据教师大量的时间和精力，使得教师无法进行反思工作，进而无法发现教育规律、解决教育问题、推动教育发展，教师的洞察力和强烈的探究意识在繁忙的工作中逐渐弱化，使得教师学术型成长呈现出有心无力的状况。

当前，国内不少优秀中小学校已将学术路径作为锻造教师队伍的主要路径。这些学校以培养具有深刻反思能力的学术型教师为目标，在知识、能力、品格和价值观等方面加强教师教育，实现了新时代教师队伍立体、综合、全面发展，形成了新时代学术型教师的培养新模式。首先，基于课堂教学不断提升教师的专业化水平，推动教师掌握学科知识体系，把握学生发展规律，深化教学方法和技能改进。其次，通过教学研究活动推进教师的学术化水平发展，鼓励教师申请课题研究，突破了以往中小学教师只停留在教学层面进行经验探索活动的局限，转而以教学问题为契机，关注这背后体现的学科内核，并通过论文撰写和著作编撰将研究结果成果化。最后，基于学科研究不断强化教师的专业化水平和进行学科探究的能力。学校通过邀请专家学者"走进来"，使学术研讨常态化，提升群组的讨论水平和质量，在对话交流的过程中提升教师的研究意识和合作意识。为了确保学术型教师培养工作的顺利推进，东北师范大学附属中学专门构建了基于学术文化的支持系统，对课程平台、交流平台、研究平台等方面加强建设，培养了一批优秀的学术型教师。教师在教学胜任力和学术科研力上得到有效提升，发展成为教育业务过硬、素质全面提升的学术型人才。

双十中学为促进教师学术性成长，通过营造良好的学术氛围，引领学校学术性发展,形成了新时代中学教师专业发展学术型成长的培养新模式。

一、强化学术型教师的培养保障

为了提升学校的学术力,培养发展学术型教师,需要各方面的保障和支撑。为使学术教研活动具有严肃性和纪律性,为提升学术教研活动的有效性,近年来学校逐步规划建设各学科教研学术基地。在教研组教研室中,配备办公系统、会议系统和远程视频系统,便于随时随地开展教研组学术研讨活动和网络教研。以教研组为单位,筛选制定学术型教师培养的相关书单并持续完善教师书库,为培养学术型教师提供有效支撑。

二、完善学术型教师的培养机制

为了推进学校的学术型教师培养,学校构建、完善一系列制度,以激励和保障教师自觉提升教科研水平,借助各级教研机构和高校的专家力量,指导名师团队开展科研工作。通过课题研究,学校形成了一批教育教学实验研究的共同体;成立教师发展中心,发挥名师、学科带头人、校级教研员的指导作用,促进教师的专业均衡发展。

双十中学聚合各方资源力量,成立教师发展中心,助力学术型教师的培养和生成。教师发展中心依托专业教育科研机构,聘请专家指导团队,发挥本校的名师工作室、校级教研员的力量,坚持"面向全体教师、培养青年教师、扶持骨干教师、塑造杰出教师"的原则,分类指导,重点突破,助力老师们实现"一年合格、三年优秀、五年成骨干、十年成名师"的专业发展目标;以"校本"为研修和培训的指向,帮助更好地开展学校各类教师培训,实现培训资源配置科学化、教师教育一体化,收获最佳的培训效益。教师发展中心依托大学、教育科研机构及本校的学术委员会、名师、教研员的力量,开设干部培训、青年教师培训、名师培养工程、委托培训等项目。学校特聘请福建省学习科学学会教师发展研究委员会、《中国教育学刊》杂志社作为技术顾问单位,引进教师发展中心指导专家团队,共同推进学校教师专业发展向更高更强的目标迈进。专家团队中各个成员都各有所长,有善于指导培育教学成果的专家,有在课题、论文方面都很强的名师,有发表著作多、完成课题多的大学教授等,如谢淑美老师是国家级基础教育教学成果奖二等奖获得者。学校调研教师的学术成就、专业背景、未来发展方向等情况,专家团队和教研员根据调研情况,对老师们分门别类进行指导,更有针对性地推动教师向学术型教师转变发展。

教师发展中心采用多部门合作,"矩阵式管理"——在日常教学工作中,教师发展中心结合各任务的具体所需,遴选相应专长的工作人员,促进各职能部门的相互协作,以完成某一项专门任务。在教师发展中心这"一个中心"的统筹规划下,双十中学着力落实"四类推进"。一是通过岗前培训、双带教、常态化课堂教学比赛、新教师专业发展沙龙等活动,使新教师达到"入职一年站稳讲台"的培养目标;二是通过参加省市教育教学技能比赛、德育和教学工作沙龙、申报和研究课题、撰写与发表论文、评选校级教坛新秀等方式,助力青年教师进入市级骨干教师培养对象的队伍中,达到"三年优秀、五年成骨干"的培养目标;三是对标省市学科带头人、专家型教师培养对象的选拔条件要求,查找优秀骨干教师专业发展的短板项目,及时帮助补齐短板,让尽可能多的青年教师在入职10年内成为省、市级学科带头人;四是充分发挥学校已有的13间教育部、市级、校级名师工作室、工作坊的名师培养作用,并激励更多的正高级教师、特级教师、省级学科带头人组建名师工作室,工作室(坊)要吸纳更多的本校中青年优秀教师,结成专业发展共同体,以课题研究为抓手,共同提升专业水平,跨越高原,众行致远。

教师发展中心视名师工作室为教师团队建设的重要抓手,着重从以下几个方面推进其工作:首先,各级名师工作室的名师培养工作,由部、省、市级名师工作室领衔名师负责,除了与工作室已有的成员共同发展,还要承担名单外的若干名本校教师的专业发展指导。而对于没有领衔市级以上名师工作室的正高级教师、特级教师、省级学科带头人,原则上都要成立名师工作坊,组织学校市骨干教师、省市学科带头人以及工作时间 10 年以上教育教学成果显著的教师,结成专业发展共同体,共同提升专业水平。中心还推进"专业发展补短板"工作,对标省市学科带头人、专家型教师培养对象的选拔条件要求,查找短板项目,及时帮助名师补齐短板,助力名师跃上更高一层次的培训、发展平台。

学校所实施的"一个中心"和"四类推进"模式契合价值驱动型学术高中的办学目标,具有较好的创新性。培养学术型教师,激活了学校发展新动能。

同时,学校建立"博士工作站",为学校师生提供更广阔的学术视野和更长远的学术发展。通过各位博士的紧密合作,形成青年教师学术共同体,以各位博士的高水平科研引领青年教师群体的学术研究,探索适合新时代学术型高中生的教育教学方法和手段,整体性地提高教学质量和效果。同时,以博士们深厚的专业素养和卓越的科研能力为学校青年教师在论文写作、课题立项等方面提供宝贵的指导和帮助,推动学校教师队伍的专业化发展。

三、强化学术型师资队伍体系

在教师队伍建设方面,双十中学提出"强化学术型师资队伍体系"的实施策略路径。作为厦门市首批"中小学教师发展示范学校",学校致力于打造学术型教师队伍。其一,从清华大学、北京大学、剑桥大学等高校招聘大批具有专业学术思维的硕士、博士,启动"福建省厦门双十中学博士工作站",为学术型学校的建设增添新动能。2023 年 12 月,学校启动"博士工作站",这是学校建设价值驱动型学术学校的重要里程碑,也是学校开展拔尖创新人才基础培养的重要举措,有助于为教师发展提供更广阔的学术视野和更长远的学术发展,有助于贯彻党的二十大报告中关于将教育、科技、人才 3 方面统筹工作的精神。其二,着力培养名师,依托学校优秀教师团队,聚焦学术素养培育,加强教师队伍专业发展和学术素养的提升,打造学术型名师。目前,学校拥有各层次具有学术潜质的名师团队,教科研成果显著。截至 2024 年,学校拥有教育部领航工程名师 1 人,国家级名师 1 人,正高级教师 7 人,特级教师 5 人,省级名师 10 人以及市级名师 185 人。学校教科研成果显著,仅 2020 年就有 3 位老师主持或参与的项目获得"福建省教学成果奖特等奖"。其三,促进各发展阶段实现教师发展阶段的跃升,针对青年教师,通过教育教学技能比赛、教育教学工作沙龙、课题申报研究和教育教研比赛等方式,助力青年教师进入市级骨干教师培养对象的队伍中;针对骨干教师,促使其发展成为省、市学科带头人;针对正高级教师、特级教师、省级学科带头人等具有学术思维的学术型教师,校方鼓励其组建名师工作室,结成专业发展共同体,以课题研究为抓手,促进全校教师共同提升专业水平。

四、驱动学术型教师自主生成

作为价值驱动型学术高中,双十中学积极建设学校核心价值观,采取以文化治校的管理方式。因此,学校教师具有"群体本位"的认知思维,深知只有自身发自内心地将专业成长作为生命自觉,才有学校不断创造新成绩,走向持续辉煌的活力源泉。为推进价值驱动型学术高中的建设,培养学术型学生,学校普通教师向学术型教师持续、自觉、主动地发展。

双十中学重视价值驱动的作用,因此在制度保障和机制引领之余,学校还着重发挥优秀新教师的模范带头作用,利用学校微信公众号,宣传报道优秀青年教师,通过及时表扬以树立典型、引领新风,营造青年教师成长的良好氛围,从而促进青年教师团队的内生动力,助其快速成长。学校微信公众号的"双十新锐"系列推送即为青年教师个人宣传,部分"双十新锐"荣获重磅赛事的奖项,部分"双十新锐"发表多篇 CN 论文,部分"新锐教师"参加课题研究。有效的宣传推广既为优秀教师提供分享成功喜悦和经验的平台,又为青年教师带来正能量和奋斗动力,有助于读者体会到双十人"追求极善"的精神,激励同侪踔厉奋发,笃行不息,不断勇攀高峰。

在培养学术型教师的过程中,教师在试题命制、学科竞赛、课题研究、课程教学等方面崭露头角,有教师成长为备课组长、教研组长,成为教学工作的中坚力量;有教师成长为优秀班主任、年段长,成为德育工作的中坚力量;有一大批教师潜心指导各学科竞赛,成为竞赛金牌指导教师;有一大批教师参加省市质检命题工作,担任中、高考评卷核心组成员和命题组长,成为命题和考试研究的专家;有一批教师成为省、市学科中心组员,在省市教研方面发挥引领作用;还有一大批教师悉心教育科研,开展课题研究,撰写发表高等次论文,是教育科研的专家……尤其在课程教学方面,双十中学教学学术成果斐然,2018年以来,全校增加66名厦门市骨干教师(共125名),增加26名厦门市学科带头人(共50名),增加5名厦门市专家型教师(共12名),增加3名福建省学科带头人(共9名),3人成为厦门市卓越教师。在价值驱动型学术高中办学定位的引领下,双十中学的教师在学术领域立体化、全面性发展。

第五节　学术型教师的发展性评价

《中国教育现代化2035》明确提出"加强创新人才特别是拔尖创新人才的培养"。《加快推进教育现代化实施方案(2018—2022年)》指出"实现更高水平、更有质量的普及……推动普通高中优质特色发展"。创新人才的培养是一个长期的系统工程,需要各级教育系统接力完成。普通高中教育作为衔接义务教育和高等教育的重要阶段,是基础教育的高级阶段,高等教育的准备阶段。面向"学术型人才"的培养,如何实现学生全面而有个性的发展成为所有学校和教育工作者需要思考的问题。在此基调下,"学术型教师"的定位及其所引发的教师发展性评价是亟需关注的对象。根据《教育部关于积极推进中小学评价与考试制度改革的通知》明确指出:"对学生、教师与学校评价的内容要多元,既要重视学生的学习成绩,也要重视学生的思想品德以及多方面潜能的发展……评价不仅要注重结果,更要注重发展和变化的过程。要把形成性评价与终结性评价结合起来,使发展变化的过程成为评价的组成部分",双十中学在价值驱动型学术高中的办学定位指引下,积极探索"学术型教师"发展性评价体系。

学校明确"学术型教师的发展性评价"是从理解"发展性评价"开始的。发展性评价由来已久,同形成性评价、表现性评价、学习性评价、教育性评价等评价方式有紧密联系,但是发展性评价与上述其他评价的根本区别在于其是旨在促进被评价者不断完善、持续发展的评价,贯穿于被评价者生命活动过程的始终。依据"发展性评价"的内涵特点,"学术型教师的发展性评价"即立足于学术型教师发展的全过程,以充分发挥评价对学术型教师的生成为根本出发点,以学术型教师和学术型高中生动态成长和持续发展为参照,以教师的日常学习服务和自我反思、自我完善为途径,切实提升学术型高中的师生日常教学生活质量和品位,提高教学效率和效益,促进师生共同迈向成功和走向可持续发展,是提升师德师风、专业水准和创新能力以促进其成为学术型教师的评价。从这一概念中,我们认识到两个方面:第一,这一评价揭示了学术型教师发展性评价的功能和目的。就功能来说,它直接影响了学术型教师的日常教育教学行为和教育教学实践,提高学术型教师教育教学的专业性、科学性、有效性、创新性和教育教学效率质量,促进学术型教师的持续生成和学术型高中生的持续发展;就目的而言,学术型教师发展性评价旨在提高教师日常工作生活质量,完善和优化教师的职业表现,使教师更好地为学术型高中生的培养、学术型高中的建设服务,促进教师职业道德建设和专业水平发展,使教师产生职业使命感和崇高感,从而成为价值驱动型学术型教师。第二,学术型教师发展性评价的价值期待已经超出了高中课堂和高中课程的"教学"范畴,每时每刻均渗透于师生的日常行为方式之中,激励教师主动适应现代教育发展的需要,持续不断地推动学术型教师和学术型高中生的发展。这对培养拔尖创新人才,建设创新型国家将产生重大的影响。这使我们感受到，深入认识和积极实施学术型教师发展性评价，对于推进价值驱动型学术高中的建设、促进教育公平、深化教育改革，具有重大的意义和作用。

学术型教师发展性评价体系同以往的教师发展性评价体系相比，其评价功能、评价目的、评价内容、评价方式方法都有新的变化和发展。双十中学的学术型教师发展性评价具有以下原则，即导向性原则、过程性原则、发展性原则、多元性原则。

在导向性原则方面，学术型教师发展性评价同奖惩制度、职称评定等教师物质利益分离，旨在达成评价对象的主体趋向，激发教师的价值内核，改变评价对象的被动地位和防御态度，将立足点放在成为学术型教师，而非薪资加减、职称评定等方面的问题，从而使评价对象和评价者之间形成平等互动的和谐关系，使教师评价制度真正作为提高教师学术发展水平的一种手段，成为促进学校价值驱动型学术高中建设的措施。

在过程性原则方面，学术型教师的培养是漫长的过程，这就要求学术型教师发展性评价关注"过程"的评价意义和促进作用，持续关注、积累、分析教师学术发展的过程资料，形成学术型教师成长发展的客观真实过程反映，据此给予客观公正的过程性评价，并提出善意、积极的建议，以利于教师扬长避短、放开手脚、创造性地开展工作，提高工作成效。①

在发展性原则方面，评价学术型教师应以发展的眼光去评价，片面强调教师的教学成绩和论文课题的量化，忽视传统型教师到学术型教师的发展性，有弊无利。因此，学术型教师发展性评价应既关注其结果和目标，又关注其过程和发展；既关注其自尊和自信，又关注其效率和质量；既关注其职业道德，又关注其专业发展；既关注其现实成长，又关注其未来发展；等等，以揭示教师发展变化的多元价值呈现，真正在评价中体现"发展的教师，教师的发展"，让教师真正在评价中获得

---

① 陈文强，许序修.教育文化创新与学校特色发展：福建省厦门双十中学的探索[M].厦门：厦门大学出版社，2012.

成长。

多元性原则即评价主体的多元性和评价内容的多元性。为了提高评价结果的信度和效度,降低主观性和随意性,学校强调学术型教师发展性评价制度的多元性。双十中学行政架构清晰分明,各行政部门关注学术型教师不同向度的发展,尊重教师的专业个性和个体差异,多角度、多侧面、多层次地评价教师的优势和劣势,助其扬长补短,促进其成为高素质、专业化、创新性的学术型教师。

学术型教师发展性评价不只是一种教育管理手段或措施,而是在价值驱动前提下促进学术型教师养成和学术型学生培养的推动力。根据学校对于学术型教师的定位,实施学术型教师发展性评价至少具有3方面内容:一是高素质,指教师在教育教学过程中所呈现的教育思想、教育观念、教育情感、师德师风等;二是专业化,指教师在教育教学过程中所体现出来的教育理念、专业知识和教学策略等;三是创新性,指教师在教育教学过程中所彰显的学术态度和创新思维等。

在高素质方面,学校采取常规性评价策略。以教师"理想信念""师德素养""职业修养""情绪管理素养"等综合素质为参照,以上要素为教师形成良好的职业道德操守和崇尚的师德,以至产生教育信仰和理想追求,促进专业成长,自主提高学术能力的根本性前提。在专业化方面,学校采取常态性评价策略。以教师"专业精神""学科专业""教学专业""学术专业"等要素为内容,以上要素为学术型教师培养的根本基础。在创新性方面,学校采取常模性评价策略。以教师反思与实践不断探索教育规律,发现并解决教育问题,推动教育教学发展的重要能力为参照,主要表现在教师是否具有突破教育教学传统桎梏的精神和敢于探索突破的创新思维,是否有坚定的反思意识、敏锐的洞察力和强烈的探究意识,是否具有将理论运用于实践的意识并重新构建理论的意识等(图7-2)。

传统的结果导向型评价或奖惩性评价通常将评价结果作为评聘、评级、推优等人事决定的关键要素,同教师的职称、工资和津贴直接联系,忽视教师个体需求,使得教师以利益为导向,个体理性发挥的空间存在

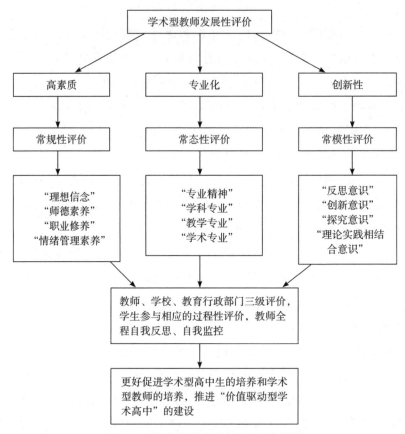

图 7-2　学术型教师发展性评价模型

局限性。教师往往重视评价的结果,而忽视教师作为育人事业的长期性特征,难以关注长远发展利益而错失进一步改善,提升教学专业和教研能力的机会,从而导致教师群体的专业水平长期处于相对僵化的状态。同时,教师为应付结果导向型评价指标需要花费不必要的时间和精力,使得教师难以正确合理地看待评价机制,产生抵触心理。另外,由于奖惩性评价对教师的监督考核作用会随着教师职称的增长,影响力逐步下降,对于中年教师的评价效度有限。因此,学校在培养学术型教师的道路上运用学术型教师发展性评价,意在把握各发展阶段教师在学术型教师发展道路上的整体发展情况,有利于及时发现所存在的问题,利用反馈机制提出高质量且针对性强的优化建议,既有助于提升教师的教学成效,也有助于推动教师在学术型教师道路上的职业发展。

学术型教师的发展性评价对于教师而言,有助于教师揆清在阶段专业发展过程中的基本情况、有效进步和问题阻碍,有助于教师进行自我定位,明确自身发展成为学术型教师的优势和缺陷;对于具有强烈专业发展意愿的教师而言,他们不仅受益于一次评价的反馈信息,可以利用发展性评价中的多维度、多方面、多主体的评价,汇集多方资源持续提升学术能力。同时,在学术型教师的发展性评价过程中,评价者和被评价者之间可以就学术进行讨论,有利于提升教师的归属感和群体认同感。由此,学术型教师的培养生成便不仅仅是学校办学愿景中的重要环节,更是教师由内而外价值驱动的目标和期待。对于学校教学管理而言,评价是重要环节。学术型教师的发展性评价具有问题诊断、引导激励等功能,有序开展学术型教师的发展性评价有助于及时掌握教师队伍的状态,在高素质、专业化和创新性 3 个维度确立下一阶段学术型教师培养的方向和路径。学术型教师的发展性评价不局限于传统评价的组织管理逻辑,而正视评价对于学校整体发展所承担的责任,不仅关注教师个人的专业成长和职业发展,还进一步将教师的个体发展与学校的办学定位和未来愿景相结合,有效消解了评价对象和评价主体之间的对抗性,有利于学术型教师队伍的建设以及学校价值驱动型学术高中建设的可持续发展。作为价值驱动型学术高中,学校注重学术文化培育,倡导价值引领,实现教师主动发展,让每位教师都有强烈的责任感和神圣的使命感。学术型教师的发展性评价以制度规范行为,倡导品行信用和职业契约精神,形成了讲规则、懂协作、正向竞争的教育环境,建立公正公平的教育生态;用人文柔性弥补制度的刚性,做到制度外有人本、工作外有温情。

在未来的学术型教师发展评价中,学校将推进评价体系的主体多元化发展,采取自我评价、同事评价、学生评价、家长评价等多元主体评价相结合的方式,提高评价的透明度,使教师评价更加科学民主,从而更有利于促进教师的发展。同时,学校将持续性完善学术型教师的发展性评价维度和评价量表,使教师从各种过程的现实性看到各种发展的可能性，并善于将发展的可能性转化为现实的发展性，从而树立起发展的信心，坚定教育理想，勇于锐意创新，形成规模化、阶梯式的名师成长群体，成为价值驱动型学术高中教师队伍的重要力量。

第八章
"双十"经验的示范与辐射

第一节　学校学术领导力的概念

　　为顺应新时代教育高质量发展的要求,贯彻落实《中共中央　国务院关于全面深化新时代教师队伍建设改革的意见》和《中华人民共和国国民经济和社会发展第十四个五年规划和 2035 年远景目标纲要》精神,为我国基础教育发展培育高质量的中坚教师力量,2022 年,教育部等8 部门印发了《新时代基础教育强师计划》,为新时代基础教育教师队伍建设指出了明确方向和具体实施规划。强师计划凸显出高质量发展赋予基础教育教师队伍建设的时代性和紧迫性,提高基础教育教师的学术能力,普遍性地培养学术型教师,成为基础教育教师队伍建设的必由之路。立足这一背景,厘清学校学术领导力的内涵与外延,寻找有效的学校学术领导力辐射路径,是广泛性地推动当前基础教育阶段教师学术发展的有益尝试。

　　学校学术领导力包含"学校""学术""领导力"3 个关键要素,各要素及各要素之间的相互作用构成学校学术领导力的内涵。

　　首先,"领导力"要素。"领导"是厘清"领导力"的起点。综合国内外学者对于"领导"的定义,领导具有以下共性特征:在主体层面,领导过程具有领导者和被领导者两个主体。领导者主动影响被领导者的态度和行为，处于主导地位；被领导者具有被动性，通常被动接受领导者的影响，但在一定条件下具有主动性，可反推领导者改变态度理念和行为策略。在领导者层面，领导者须具备足够的资源和能力。领导者必须具备创造力、前瞻力、沟通力、决断力、协调力等多种领导能力并能够控制和支配相关资源。在被领导者层面，被领导者具有是否接受影响的权利。当领导者的影响具有必要性、重要性、可行性、合理性和有效性时，被领导者才会接受领导者的影响。此权利极大影响领导者的领导成效。在过程层面，领导是实现组织目标的过程。在这个过程中，组织系统合作确立组织目标，领导者以统筹协调的方式引导被领导者实现目标。综上所述，"领导"可定义为，领导者在特定的情境中吸引和影响被领导者与利益相关者并持续实现群体或组织目标的过程。①

"领导力"同"领导"不同，"领导"是一种过程，而"领导力"是一种能力或能力体系。"领导力"是"领导"的下属概念。杜柏林（Andrew J. Dubrin）认为领导力是一种人际影响力②；加德纳（John Gardner）则认为，领导力是领导者个人或领导团体为实现集体的共同目标，通过说服和榜样作用激励组织成员的过程③。此外，学术界还存在"领导力是协助团体内部成员达成目标的工具"④等观点。有的学者从影响力方面去理解学术领导力，如米德尔赫斯特（Robin Middlehurst）等认为学术领导力可视为一种引导学术同伴和团队实现特定研究目标的社会影响过

---

① 中国科学院"科技领导力研究"课题组，苗建明，霍国庆.领导力五力模型研究[J].领导科学，2006(9)：20-23.
② 安德鲁·J·杜柏林.领导力[M].4版.王垒，译.北京：中国市场出版社，2011：3.
③ 约翰·加德纳.论领导力[M].李养龙，译.北京：中信出版社，2007：3.
④ 眭依凡.大学领导力提升：推进大学治理能力现代化的实践路径[J].中国高教研究，2021(1)：10-20.

程①；王丽坤主张学术领导力是一种率领和引导多元主体互动形成共同的学术愿景，推动学术成员为实现这一愿景而不断前进的影响力②。还有部分学者从具体要素方面来理解高校学术领导力，如史蒂芬（Stephen Josephs）等指出，学术领导者通过提供学术支持、发挥榜样示范作用、支持年轻教师成长等方面来发挥高校学术领导力③。综合国内外学者对于"领导力"的定义，领导力具有以下共性特征：其一，领导力是领导过程中领导者的能力总称；其二，领导力在很大程度上决定领导过程的流畅性和组织目标的可达成性。统合"领导"的概念，我们可以将"领导力"定义为，领导力是领导者在特定的情境中影响被领导者，以持续实现组织目标的能力。

其次，学术要素。学术是学校学术领导力运行的前提条件。不同于其他类型的领导力，学校学术领导力以学术能力和学术成果为前提，其影响途径也需要经过一定的学术研讨活动和校际交流活动。因此，学术这一要素尤为关键。基础教育学术不完全等同于大学学术。《现代汉语词典》（第7版）解释"学术"为"有系统的、较专门的学问"。在不同阶段和不同领域的"学术"应具备不同的定义，在沈忠杰的《办出富有学术力量的县中》中将学术定义为"在特定的领域中，对事物有思考，对实践有创造，对生活有所革新"④。英国的伊顿公学用"严格的选拔性考试、绅士的培养目标、综合的课程、以资格证书为标准的评价方式"⑤来体现学校的学术性。江苏省天一中学将学术型中学的特征归纳为"多层次、多

---

① MIDDLEHURST R. New realities for leadership and governance in higher education？［J］.Tertiary education and management，1999（4）：307-329.

② 王丽坤.基于大学章程建设的学术领导力研究［J］.教育评论，2015（2）：9-11.

③ MARSHALL S J，JANIC O，ALISON C，et al. Leading and managing learning and teaching in higher education［J］.Higher education research & development，2011（2）：87-103.

④ 沈忠杰.办出富有学术力量的县中［J］.人民教师，2022（7）：47-50.

⑤ 孔凡琴，邓涛.英国学术型高中探析［J］.教育理论与实践，2013，33（26）：20-22.

选择"的课程体系，"自主、宽松、灵活"的管理氛围，丰富的学习模式和"德高学富、专兼结合"的师资队伍。[1] 无论何种定义，学术型高中的"学术"关注到高中教学注重课程、学情、教学理论和教学实践的特性。因此，我们可以将学术型高中的"学术"定义为"与学术型高中建设、学生学术性发展目标相适应的，在课程开发、教学实施、课程评价和学科知识的研究"。

最后，学校要素。学校是学校学术领导力建设和辐射的具体情境。《中国教育现代化 2035》指出，"提升高中阶段教育普及水平，推进中等职业教育和普通高中教育协调发展……提升民族教育发展水平"，学校愈发成为组织和个人发挥学术领导力作用的中心。一方面，学校是有组织有建构的系统，具有统筹、协调、组织的行政功能，可推动学校学术领导力的建设，为学校学术领导力的辐射性提供保障；另一方面，学校是各级行政区域领属下最基本的教育教学机构，各级行政区域具有相对完整的教育体系，形成区域型的教育生态辐射圈。部分学校尤其是名校的学校学术领导力对区域内或区域间的学校具有辐射影响作用。

双十中学是福建省首批示范性普通高中，在《福建省教育厅关于公布福建省首批示范性普通高中建设学校名单的通知》中明确提出"各示范建设高中要模范落实立德树人根本任务，大力创新教育管理体制，深入推进课程教学领域改革，探索形成现代教育治理模式，有效提高人才培养质量和办学水平。要在办学理念实践、学校文化创建、教师专业发展、体育与健康教育、社会服务、特色发展等方面充分发挥示范作用，引领全省普通高中多样化、有特色发展。要以学生发展、课程和教学改革为重点，自我更新、与时俱进，努力建成内涵深厚、质量优异、特色鲜明、社会公认的省级示范性普通高中，力争在教育教学、教育管理等方面改革取得重大突破，发展成为有全国影响力的品牌高中，并有若干所跻身国际知名高中行列"。学校获评"福建省首批示范性普通高中"，在学校

---

[1]　许芹.创设丰富多元平台　助力创新人才成长——江苏省天一中学创新型人才早期培养的实践与探索[J].江苏教育,2018(42):11-14.

党建、课程实施、教育评价、五育并举、办学特色等方面具有相对优势。同时,示范性普通高中评价体系要求"示范性普通高中在办学理念实践、学校文化创建、教师专业发展、体育与健康教育、社会服务、特色发展等方面具有示范作用;坚持开放办学理念,充分发挥示范高中的示范辐射作用,探索形成示范高中教育辐射机制,立足当地、影响全市、辐射全省"。在此基调下,双十中学具有应然的学术领导力。

鉴于以上关于"学校""学术""领导力"的定义和阐述,可以这样定义学校学术领导力的内涵,即学术型学校领导一定行政区域范围内的其他学校围绕共同学术目标进行团队合作和专业发展的能力。

第二节 学术领导力的辐射路径和实例

中国科学院《领导力五力模型研究》中认为"领导力由影响力、感召力、前瞻力、控制力、决断力构成",结合学校学术领导力的主体特性,我们将"学校学术领导力"进一步阐释为以下3个方面,即思想性影响之思想同化力,行动性垂范之行为吸引力,以及实绩化展示之成就诱惑力,以此形成相应的学术领导力辐射路径。

一、思想性影响之思想同化力

同化是皮亚杰从生物学移植到心理学和认识论中的概念,是指对所获得的信息进行转换,以使它符合现有的认知方式。学校学术领导力具备思想同化力的前提是居于学术领导地位的学校应具备学术领域的前瞻性和引领性。以学校的学术领导力同化其他学校之于"学术型学校"建设的观念,产生思想同化力,使价值驱动型学术高中的办学理念在更大的范围内产生影响,贯彻落实。因此,具有学术领导力的学校不是权力者而是思想者。一方面，具有学术领导力的学校应具有前瞻性，反映国家教育愿景。具有学术领导力的学校应全面、准确理解、贯彻、落实全面深化课程改革，坚持立德树人的总目标，构建民主开放、充满活力、具有成效的学术高中管理机制，形成符合国家教育发展愿景、有助于拔尖人才创新培养、可持续发展的办学理念。另一方面，具有学术领导力的学校应达成区域共识，激发改革活力。具有学术领导力的学校不仅仅在学术上具有相对优势，更应关注区域内其他学校的发展现状和发展理念，帮助其制订符合校风校情的学术学校建设方案，关注共识达成情况，消弭认识分歧，达成教育共识，凝聚各方力量，焕发各校精神，激发各校建设学术中学，培养拔尖创新人才的积极性、主动性和创造性。

2019 年《国务院办公厅关于新时代推进普通高中育人方式改革的指导意见》颁布，提出推进普通高中教育改革，强调普通高中多样化、有特色地发展。《国家中长期教育改革和发展规划纲要（2010—2020）》从政策上提出，要在高中阶段"探索发现培养创新人才的途径"①。于是，在探索普通高中育人方式改革的路径中，学术型高中成为许多国内高中名校的共同选择。2010 年，深圳中学率先提出"建设学术型高中，培养创新型人才"的办学目标，此后，北京十一中学、广州市执信中学、东北师范大学附属中学、江苏天一中学、浙江宁波中学、四川成都新都一中等国家级、省级示范校逐步组织构建"学术学校"。2021 年 3 月颁布的《中华人民共和国国民经济和社会发展第十四个五年规划和 2035 年远景目标纲要》，提出了"十四五"时期建设高质量教育体系的艰巨任务。同时，厦门市"十四五"时期也在深度实施"名校跨岛"战略，优化优质学校布局。新时代新机遇为双十中学的发展也带来了新的挑战。在揆清双十中学的文化沿革和现存挑战后，学校提出建设一所"价值驱动型学术高中"的办学定位。双十中学是福建省首所明确"学术中学"办学定位的基础教育学校，此举体现出学校在教育深化改革过程中的思想前瞻性，能够在

---

① 国家中长期教育改革和发展规划纲要工作小组办公室.国家中长期教育改革和发展规划纲要[N].人民日报，2010-03-01(5).

思想上激发其他学校对于"学术型"的关注和重视。同时,学校在梳理百年校史的基础上,结合新时代对普通高中发展的要求,提出"价值驱动型学校"的概念,既有助于概括、凝练学校百年办学传统与办学特色,寻找到双十中学百年长盛不衰的秘诀,找到一种归宿感和建构学校文化管理系统、进行学校文化建设的终点,同时有助于在价值观思想维度上,寻找领导区域中或区域间学校朝向"学术学校"道路发展的有效之法。

二、行动性垂范之行为吸引力

邓小平同志说,什么是领导,领导就是服务。学校的行动性垂范主要是教育服务,体现在具有学术领导力的学校对教育公共权力的承担上,对实现公共利益的追求上。对于具有学术领导力的学校而言,其领导力的最好体现,不在于领导力权力行使和学校学术能力展现的充分性,而在于如何运用自身的行动性垂范服务领导范围内的学校,引发其他学校的关注,唤起其他学校的热情,使处于被领导地位的学校积极主动地朝着学术学校建设的道路前行,从而实现领导目标。

欲具备行动性垂范之行为吸引力,具有学术领导力的学校需要树立"自身硬"的标杆,既应具备当代意识、时代意识,又要有文化自觉、教育自信。在学校的发展过程中,应准确把握学校发展、教育变革的脉搏,明确世界教育、中国教育发展的走向,了解课堂结构、教学形式的变化;积极推进本校课堂结构、教育形式的变化,积极引导本校师生根据教育改革、课程改革的要求,结合学校的校情、教情、学情实际,抓住重点、难点问题,攻坚克难,准确、及时剖析和解决建设学术中学过程中出现的实质性、深层次问题。在此维度上,具有学术领导力的学校应通过"自身硬"和勇于担当的精神,成为区域内各校足以仰慕、足以信赖的中流砥柱。

"自身硬"是行动性垂范产生行为吸引力的标志。具有学术领导力的学校需要做到躬身垂范,以自身的顽强作风和切实行动,尽职尽责地促进各项工作的落实和制度的完善。双十中学在建设价值驱动型学术高中的过程中,体现教育全要素、全过程的学术性,构建学术化管理的制度体系，形成学术型高中的办学思路和办学规划；培育丰富多彩的学术文化；注重综合学科素养的培养；重构基于学术的课程体系以及关注学术型教师队伍的培养；在厦门市乃至福建省作出行动性垂范，产生行为吸引力。

责任担当是行动性垂范之行为吸引力的意志本质。具有学术领导力的学校应具有时代的学术自觉，具有时代学术自觉的学校才能站在教育发展的前沿，积极反思历代教育、中国教育或世界教育的得失，重估中国教育的当代价值，从而解放思想，实现关于中西方教育的理解和交融，讨论中国教育乃至世界教育发展的路径，实现中国学校教育的"改革开放"。双十中学具有引领厦门市乃至福建省学校学术型发展的责任担当。

首先，学校坚持"科学人文双翼齐飞，五育五品十面融通"的办学特色，通过建设指向学术素养培育的课程体系、完善多元多层的学术型育人体系、提升学术型校园文化体系、强化学术型师资队伍体系、整合学术型的资源支持体系，开辟了一条新颖的建设价值驱动型学术学校的发展道路，推动聚焦拔尖创新人才的基础培养。

其次，学校在近年举办多次国家级、省级学术论坛，体现学校的学术领导力，形成厦门市乃至福建省学术发展向心力。2023 年 11 月 7 日，为学习贯彻落实党的二十大精神，进一步发挥福建省教育学会学术优势，推进福建省基础教育高质量发展，繁荣福建省基础教育学术研究，学校围绕"学术型高中建设"，举办集聚政策引领、学术前沿、实践智慧的教育论坛即"福建省基础教育高质量发展论坛之平行论坛——学术型高中建设论坛"，以"价值驱动型学术高中的探索与实践"为话题，从"双十理解""双十表达""双十探索"3 个模块，阐述"学术型高中建设"的双十经验。同时，在"学术型高中教师队伍建设"和"学术型高中体系建设"等方面展开具体阐述。2023 年 12 月，为加强基础教育理论、政策和实践研究，发挥基础教育国家级教学成果在教学改革、实践、研究中的引领和辐射作用，助力基础教育教学实现高质量发展，在中国教育学会、福建省教育厅的指导下，厦门市教育局、《中国教育学刊》杂志社于 12 月 7—8 日在双十中学举办"基础教育国家级教学成果推广分享会",学校作题为"迈向卓越:拔尖创新人才培养的'双十'探索"的经验报告,学校党委书记、校长欧阳玲从构建"生师校"和谐发展"生态圈",提供人才成长环境;建设"大中小"一体贯通"课程群",丰富人才培养载体;设置"书院制"拔尖人才"基地班",满足人才个性需求;打造"校家社"协同育人"共同体",形成人才共育合力等方面,分享了双十中学在拔尖创新人才培养方面的探索与实践。同时,江苏省教育科学研究院特级教师、正高级教师赵维坤,北京市第十八中学校长、正高级教师、北京市特级校长管杰,华中师范大学第一附属中学校长、历史特级教师、正高级教师、博士生导师、首届杰出教育名家周鹏程,东北师范大学附属中学校长、党委副书记邵志豪等教育名家均进行教学成果展示,厦门双十中学副校长、数学特级教师、正高级教师黄雄,厦门双十中学副校长、高级教师赵向波,厦门双十中学德育处副主任、省学科带头人王翠霞,厦门双十中学语文教师、省学科带头人吴秀菊作成果报告。全国各地的优秀教师和教育专家在各个学科和教育阶段中的成功案例和经验,对提高我国基础教育质量,促进教育公平,培养具有创新精神和实践能力的新一代具有至关重要的作用。本次会议不仅代表了基础教育领域的研究热点,更揭示了当下基础教育改革的前沿趋势以及发展路径,也为我们指明了教学成果培育的方向,为地方和学校教育的高质量发展提供了宝贵的参考。学校举办此类活动,体现其时代学术自觉和推动中国学校教育"改革开放"的行动性垂范;有助于行动上吸引各校根据学校自身的历史传统、办学特色、校情学情开展学校教育改革,向学术学校发展道路转型,向教育高质量发展道路前行,推动基础教育高质量发展,办好人民满意的教育,努力建设教育强国。

再次,学校具有教学学术领导力和教育科研领导力,并通过开展课题研究、举办公开课和校际交流互助等方式进行领导力辐射。

在教育科研领导力方面,学校建立博士工作站,推动学校与国内外高校及科研机构的交流与合作,进一步提升学校的学术地位及学术影响力。充分利用博士人才的专业优势和学术资源,通过与高校等科研机构共同开展联合科研项目和学术交流活动，了解最新的科研动态，拓宽学术视野，加快学校教科研步伐，从而提升学校在全省乃至全国基础教育界的声誉和地位，进一步巩固学校的整体学术实力及学术影响力。

在教学学术领导力方面，学校积极承办福建省教育教学开放活动，为省内外校级交流搭建平台，为老师们提供了实践教学理念、锻炼自己、展示才干、交流的机会。全省教育同仁齐聚双十中学，以观摩研讨的形式聚焦新教材中的项目式学习活动，共同研讨课堂教学策略，提升学生学科核心素养。在教学开放周活动中，来自双十中学以及省内诸多名师以扎实的教学功底、以勇于尝试的教研精神呈现了精彩的教育教学展示课。聚焦五育并举，创新教育评价，省内外教育同仁在思维碰撞中解读美、传播美、赞颂美。

2021年，双十中学举办省级教学开放周和教育部重大课题成果应用推广活动。在本次活动中，学校展示了在数学"综合实践"课的开展实施情况。课题组基于STEM教育理念，创新"5E"教学法：情境吸引（circumstances engage）、模型探究（models explore）、协作解释（coordinate explain）、成果展示（achievement exhibit）、反馈评价（respond evaluate）开展课堂教学实践，为课程教学提供针对性强且行之有效的教学方法。"STEM教育理念""5E"教学法的介绍，也给了一线教师莫大的启迪和帮助。在物理学科交流中，双十中学高级教师、物理奥赛金牌教练林碧艺老师与翔安区新店中学一级教师郭志坚老师，就"科学探究——向心力"一课进行同课异构，为我们呈现了两场不同风格的精彩课堂。当日物理学科活动中，吸引了来自全省九地市的三十多位教师观摩学习，大家共同研讨，思维碰撞。同时，两个课堂也进行了实时直播，未到场的教师也可以在线上共同观看、学习，进而辐射到定点帮扶区域及学校，实现优质资源共享。双十中学吴祖祈老师和长汀新桥中学的陈冠文老师，采用同课异构的方式，讲授了统编版高中历史教材第六单元第12课"资本主义世界殖民体系的形成"，以不同的风格和视角，呈现了两堂精彩纷呈的观摩课。省级公开课既可展示双十中学在学术型高中的探索成效，又可作为平台与来自各校的同行们充分切磋交流，体现了学校的行动性

垂范。

双十中学的学术领导力辐射,已然通过互联网形式,辐射到更遥远的地方。在与甘肃临夏州广河中学开展的语文、数学线上联合教研活动中,学校直接将课堂搬上屏幕,给广河中学带来了精彩的课堂展示。广河中学语文、数学组十分重视两校联合教研,且针对课堂展示作出点评。双方围绕新教师的考核课,新课程背景下语文、数学学科教学等内容展开了讨论,对新课标的理解、新教材的实际教学情况进行了深入交流,在同行里共情,在共情里成长。云上相约,师徒结对,传承的不仅是教学的能力,也是教育的理想,更是共同厚植的热爱教育的情怀。

同时,双十中学与合作校全方位搭建合作交流平台。从结对子、一帮一,到集体备课、课堂教学、诊断性听评课,逐步深入、逐步提升,把合作的各项工作内容细化,做到"事前规划,过程跟踪,结果评价"。以合作校华侨中学为例,2019年以来,双十中学和华侨中学两校每年选派教师进行交流学习,交流期限为3年。华侨中学教师融入双十中学教育教学环境,学习先进的教育理念和教学方式,进一步拓宽教育视野。学校也选派优秀教师到华侨中学任教,开展业务指导,传递教学经验。校际各具特色的办学理念得到了有效推广和传播,在教育理念、教学风格和教学方法上相互影响和带动,形成了办学理念和办学模式交融碰撞的局面,实现了资源共享,优势互补,促进学校可持续发展。总之,双十中学与合作校心手相连、携手共进,在协同发展的道路上闪耀着一束又一束星光,擘画了教育协同发展美好图景。

三、实绩化展示之成就诱惑力

从学校学术领导力的功能而言,具有学术领导力的学校不应追求功利化的名利,但应呈现出在学术领域的发展性成效,通过自身的实绩化展示,对被领导者产生成就诱惑力。虽然,作为基础教育学校难以创造举世瞩目的贡献,但同样可以通过教育创新、运用学术领导力,创造实实在在的教育成效。例如上海中学、中国人民大学附属中学和北京十一学校等知名基础教育学校，紧跟时代发展变化的步伐，以改革者、开拓者的姿态，以日日更新的精神，占领教学教改教研的制高点，正确处理教育理想与时代使命、学校治理与立德树人、教育改革与课程改革等方面的关系，生发对教育现象、教育问题、教育发展的新觉知，教育文化创新和课改行动创新均取得实实在在的业绩，产生了广泛深远的影响，为中国教育作出了突出的贡献。这启示我们，在深化教育改革，推进教育高质量发展的形式下，具有学术领导力的学校必须切实推动教育高质量发展，切实跟进学术前沿，在培养学术型高中教师和学术型高中生，建设学术型高中课程体系等方面均具有实绩，从而具有成就诱惑力。

在落实教育高质量发展，推进价值驱动型学术高中建设的过程中，双十中学在名师工作室建设、论文发表、课题申报等方面具有显著的实效性成就。

在名师工作室建设方面，2018 年至 2023 年，学校增加 3 间市级名师工作室，9 间校级名师工作室（坊）。学校现有以正高级教师、特级教师和国务院特殊津贴获得者赵祥枝老师为领衔人的国家级名师工作室——赵祥枝名师工作室；以"实现教师集体成长"为核心目标的王翠霞名师工作室；以"独行快，众行远"为理念的邱黎苑名师工作室。这些名师工作室为学校学术领导力的根基，有助于生成实绩化展示的成就诱惑力。

在论文发表方面，2018 年至 2023 年，学校共有 450 人次在市级及以上教学比赛中获奖，353 篇论文在 CN 级学术刊物发表，76 篇论文在市级及以上评比中获奖，尤其是 2021—2022 年度，学校开展论文写作专题培训，通过专家培训和指导修改，提升教师课题申报和研究的能力。经过研究和努力，该年度学校发表的 CN 论文共 164 篇，其中有 4 篇发表在核心刊物，还有 16 篇论文在各级论文比赛中获奖。

在课题申报方面，2018 年至 2023 年，学校有 79 项课题被立项为全国、省、市、区级课题（其中有 3 项为教育部重点课题），有 97 项全国、省、市、区级课题结题（其中有 3 项为教育部重点课题）。数学组的全国教育科学"十三五"规划 2018 年度教育部重点课题带动了初中数学教研组教师开展跨学科的教学研究,现已出版《初中数学"综合与实践"课程教学改革研究》《生活中有趣的数学》等专著和校本教材,在 CN 刊物发表了多篇论文。又如,学校历史组的全国教育科学"十二五"规划教育部重点课题"基于两岸交流视角的中学校本课程研究"衍生出《中国传统文化概述》等 12 本校本课程教材(其中 6 本由厦门大学出版社正式出版,1 本还入选中国 2019 年度影响力图书推展)、10 多篇 CN 论文,还衍生出多项子课题被立项为省市级课题,通过课题研究,使得历史教研组整体的教科研能力在原有的基础上得到进一步提升。值得关注的是,王翠霞老师主持的"基于 CIPP 评价模型的中小学劳动教育评价体系研究",被立为全国教育科学"十四五"规划 2021 年度重点课题,从背景评估、输入评估、过程评估、成果评估 4 个方面入手,将诊断性、形成性和总结性评价有机结合,建构的评价体系具有广泛的适用性。由党委书记、校长欧阳玲主持的福建省"十四五"规划教改专项课题"基于大数据与人工智能技术的中学精准教学研究"立足于学校推进人工智能技术在实践活动、课程设置、评价机制等方面的应用,进一步展开研究,围绕专家提出的指导意见,积极改进、认真吸纳,从而推进了教师队伍落实人工智能精准教学的能力,推进"价值驱动型学术高中"持续有效建设。

不仅如此,作为"价值驱动型学术高中",学校重视培养学科竞赛选手,为国家高精尖领域发展输送后备人才。

学校在 2023 年中国计算机学会主办的非专业级软件能力认证 CSP-J/S 2023 第二轮比赛中,提高级组 31 人获省一等奖,28 人获省二等奖,18 人获省三等奖,其中,高二(12)班李静榕、高一(15)班李子奕以满分的成绩并列全国第一;入门级组 33 人获省一等奖,37 人获省二等奖,13 人获省三等奖。在 2023 年第 40 届全国青少年信息学奥林匹克竞赛中,学校学生取得 1 金 1 银 1 铜的好成绩,奖牌榜位列全省第一,其中,李静榕同学获得了金牌,入选国家集训队,预录取清华大学,成为福建省 2025 届第一个进入清华北大的学生;林一楷同学获得了银牌,获清北强基破格资格。

在 2023 年的第 37 届中国化学奥林匹克竞赛中,学校共 6 人获省一等奖,其中,萧博凡同学入选省队。2001年至今,学校共获得国际金牌2枚、国家级金牌15枚、银牌24枚、铜牌2枚。学校亦为厦门市化学竞赛基地校。

在2023年第40届全国中学生物理竞赛决赛中,学校郑凯程同学荣获全国一等奖,实现学校物理竞赛组金牌零的突破。在2023年全国高中数学联赛中,学校共5人获得省一等奖,占比超过全市50%,领跑厦门市数学竞赛。双十中学是数学竞赛传统强校,每年的数学竞赛成绩稳居全省前列,常年保持全市第一。自2000年来,学校进入省队的人数约占全市70%,省一等奖人数约占全市50%,其中有4名学生入选国家集训队,1人入选清华大学丘成桐数学领军计划。2022年7月,学校借助高校基础学科优势,依托中学拔尖创新人才培养基础,与华东师范大学共同创建"国际数学奥林匹克研究中心基地学校",以期充分发挥高校优质资源与竞赛名校各自的优势,培养基础知识扎实、综合素质高、创新潜质好、社会责任感强的拔尖创新人才。2023年7月3日,双十中学获得著名数学家、清华大学丘成桐数学科学中心主任丘成桐先生授权许可,设立"丘成桐少年班",成为继中国人民大学附属中学、清华大学附属中学、深圳中学等国内知名中学后的第20所、全省第一所"丘成桐少年班"授牌中学。学校在丘成桐先生教育思想的引领下,在以"丘成桐少年班"为代表的新一轮拔尖创新人才培养中,将数学作为特色项目进行培养,向上与高等教育衔接,向下对义务教育辐射,设置拓展课程、研究型课程和社会实践课程,倡导"让学生快乐地学习、健康地成长",培养"品行、身心、学问兼优"的具有创新潜能的数学拔尖人才。

总之,双十中学作为具有学术领导力的学校具有教育关怀意识、崇高的教育信仰、坚定的教育追求、强劲的学术前瞻力、勇往直前的创新意识、实际的学术成就,实现学校"建设价值驱动型学术高中"的办学目标;以思想同化力、行为吸引力、成就诱惑力形成强大的社会影响力和吸引力,促进区域内及区域间的其他学校建构和实现学术型高中的办学追求和办学目标。

后　记

　　双十中学是一所百年名校,学子遍布世界,犹以学术界居多。2019年百年校庆之后,面对新时代提出的新要求,以及学校急剧扩张呈现四个校区、千名教师、万名学生的庞大规模,双十中学走到了新时代的又一个十字路口。

　　2020年8月,我从厦门六中党委书记、校长的岗位上卸任,调入双十,担任双十中学党委书记、校长。初到任,目睹这所百年名校的师生展现出的奋发向前之精神风貌、融洽和谐之课堂氛围以及和睦共处之师生关系,我感觉特别安稳,有底气。同时,也感到身上的担子更重了。通过调研发现,在普通高中多样化发展和拔尖创新人才培养的时代背景和政策要求下,如何总结百年历史,找到新的办学方向,使百年名校焕发青春光芒? 这个问题在我看来,更加重要和急迫。

　　这需要回顾学校办学历史,总结学校办学成果,根据新时期的新要求,调整学校办学思路,完善学校教育教学策略,增强学校办学自信。我立即组织学校领导班子、中层干部,还有一线教师开展调研、交流,进行思想碰撞,逐步总结出学校的办学脉络,呈现出学校的历史积淀。全校师生、校友对学校办学思想的提炼呈现的热情,更增添了我探索的信心。同时,我们还聘请校外研究团队到学校开展调研,时任厦门市教育科学研究院副院长傅兴春十分关心双十中学的内涵发展与特色建设,建议学校应致力于继承传统发展学术型高中。北京师范大学张东娇教授提出的价值驱动型学校的概念,能够很好地概括、凝练我们学校百年办学传统与办学特色,寻找双十中学百年长盛不衰的秘诀,"找到一种归宿感和建构学校文化管理系统、进行学校文化建设的终点"。

经过多次的调研、讨论和研究，结合双十中学学术型特点，人文与科学双翼齐飞应该是双十发展的秘诀，我提出了将双十中学办成"价值驱动型学术高中"的新主张。随之开展了价值驱动型学术高中的建设，经过一年的努力，我和双十人一起奋斗，在总结双十办学经验的基础上，形成了"价值驱动型学术高中"建设的整体框架，随后开展实践，形成了一定的教育理论和办学模型。实践收到较好的成效，学校毕业生的学术味越来越浓，学校教师的学术味越来越浓，学校的学术味也越来越浓，且人文味也越来越浓，价值引领型学术高中初具规模。

本书就是在此基础上对价值驱动型学术高中建设的探索进行总结，也是对双十中学百年办学成果的高度概括，更代表着学校新百年新征程的前行方向。正好因应人工智能发展带来的社会变革对教育的新要求，也正好因应中华民族伟大复兴需要的创新拔尖人才培养的新要求。

诚然，双十中学在探索实践中还存在一些问题，未来也存在诸多不确定性，但我们坚信，只要我们始终把立德树人作为学校办学的根本宗旨，紧紧围绕"办好人民满意的教育"这一战略主题，旗帜鲜明地进行学校文化创新，毫不动摇地开展课堂改革，坚实依靠全体师生，坚定不移沿着高质量发展的道路前行，我们一定能在新百年新征程上取得新的成绩！

本书的出版离不开编写团队的艰苦努力，也离不开厦门大学出版社的支持。在此，我们一并表示衷心感谢！

由于水平有限，书中难免存有疏漏，敬请读者批评指正。

2024 年 1 月 21 日